Agile Audits im Krankenhaus

Kirstin Börchers

Agile Audits im Krankenhaus

DIN trifft AGILE – Sprint, Scrum und Kaizen erfolgreich in Audits einbinden

Springer Gabler

Kirstin Börchers
QM BÖRCHERS CONSULTING+
Herne, Nordrhein-Westfalen, Deutschland

ISBN 978-3-658-44338-2 ISBN 978-3-658-44339-9 (eBook)
https://doi.org/10.1007/978-3-658-44339-9

Die Deutsche Nationalbibliothek verzeichnet diese Publikation in der Deutschen Nationalbibliografie; detaillierte bibliografische Daten sind im Internet über https://portal.dnb.de abrufbar.

Planung/lektorat: Margit Schlomski
Springer Gabler ist ein Imprint der eingetragenen Gesellschaft Springer Fachmedien Wiesbaden GmbH und ist ein Teil von Springer Nature.
Die Anschrift der Gesellschaft ist: Abraham-Lincoln-Str. 46, 65189 Wiesbaden, Germany

Das Papier dieses Produkts ist recycelbar.

QM BÖRCHERS CONSULTING +
zum 20-jährigen Jubiläum

Vorwort

„We're glad you're here!"

12. April 2018, 14.00 h, Campus Stanford University, California, Hasso Plattner Institute of Design (d.school) in unmittelbarer Nähe des Silicon Valleys.

Hier begann meine Reise hin zu agilen Praktiken und Methoden im Qualitätsmanagement. Das Silicon Valley handelt nach strengen Vorgaben und der Maxime, dass der eigentliche Fehler die Untätigkeit ist. Probleme und Misserfolge sind Chancen: „Embrace failure!", Niederlagen werden durch Erfolge kompensiert.

Und los ging's. Ich unternahm die ersten Schritte gemeinsam mit Kolleginnen vom Verband deutscher Unternehmerinnen e. V. (VdU) im Rahmen der Unternehmerinnenreise in einem praktischen Workshop mit Frederik Pferdt, Head of Innovation & Creativity Programs bei Google, und Leticia Britos Cavagnaro, Co-Director of the University Innovation Fellows, einem Programm des Hasso Plattner Institute of Design. Das Ziel war, Agile Methoden wie Design Thinking und Scrum auf unsere persönlichen und unternehmenseigenen Projekte anzuwenden. Ganz im Sinne des weithin sichtbaren Spruchs der d.school „The only way to do it is to do it." von Merce Cunningham. Und es klappte. Ich war sehr begeistert vom ersten Kennenlernen des Design Thinkings und Scrum und vor allem von der großen Innovations- und Veränderungskraft dieser agilen Praktiken und Methoden.

Vom Silicon Valley wieder zurück in Deutschland, konzipierten mein Team und ich sofort und erfolgreich Impulstage zum „Design Thinking" intern für unsere Mandanten. Noch 2018 folgten Inhouse-Trainings und erste Design-Thinking-Projekte.

Mit einem Seminar für die Krankenhausgesellschaft Sachsen e. V. zum Thema „Design Thinking für Qualitätsmanager*innen: Innovation ist kein Zufall" stellten wir uns ein Jahr später am 21.05.2019 in Leipzig sozusagen der QM-Öffentlichkeit, den QM-Beauftragten der Krankenhäuser in Sachsen und Thüringen – und das mit vollem Erfolg.

Dann kam 2020 die COVID-19-Pandemie, die die Arbeit im Krankenhaus und im Gesundheitswesen – und natürlich auch unsere Arbeitswelt – grundlegend und herausfordernd veränderte. Anfang 2021 ging es erstmalig online weiter mit einer Grundlagenschulung für Auditor*innen. Es folgte im Oktober 2021 ein „Aufbautraining Auditor*in" und der Weg zum Agilen Audit war gebahnt. Der agile Auditprozess mit Vorbild Scrum war das Schwerpunktthema im Seminar und die Auditor*innen und QM-Beauftragten wagten gemeinsam in Leipzig ein Audit im Sprint. Und das wieder mit großem Erfolg. Die Teilnehmer waren begeistert von der kurzfristigen proaktiven und flexiblen Planung, den kurzen Reaktionszeiten bei Veränderungen und der kommunikations- und innovationsintensiven Auditroutine. „Weg vom Konformitäts-und-Checklisten-Audit hin zum agilen Audit im Sprint, das macht Sinn", so könnte man das Aufbau-Seminar für Auditor*innen rückblickend zusammenfassen. Noch in Zeiten der Pandemie im Mai 2022 führten wir das darauf aufbauende Seminar „Qualitätsmanager*in 4.0: Mit agilen Methoden ins digitale Zeitalter" durch und im September 2022 konnten wir die „Agile" Auditseminarreihe mit einer Grundlagenschulung für Auditor*innen unter Einbeziehung der Durchführung von Remote-Audits in Zeiten der Pandemie erfolgreich abschließen.

Und immer wieder wurde seitens der Teilnehmer*innen über die Jahre kommentiert: „Machen Sie doch ein Buch draus. Damit wir alles nachlesen können".

Im September 2022 kontaktierte ich meine Lektorin beim Springer-Verlag, fix war der Autorenfragebogen ausgefüllt und die Buch-Idee „Agile Audits im Krankenhaus – DIN trifft AGILE – Sprint, Scrum und Kaizen erfolgreich in Audits einbinden" war formuliert. Nach gut einem Jahr Bucharbeit halten Sie es – lieber Leser, liebe Leserin – jetzt in der Hand. Wie aus einem klassischen Audit ein agiler Auditprozess wird? Dieses Buch soll Sie dazu motivieren, ein Audit im Wandel zu gestalten und erfolgreich durchzuführen.

Viele Qualitätsmanager*innen sagen: Lass mich doch mit agilen Methoden und New Work in Ruhe. Doch machen wir uns nichts vor: Agile Praktiken werden auch das Qualitätsmanagement und eines der Kernthemen des Qualitätsmanagements erreichen – das interne Audit. Auch die Digitalisierung im Krankenhaus führt zu veränderten Vorgehensweisen, Prozessen, Methoden oder Dienstleistungen. Noch behindert eine mangelnde Praxistauglichkeit den Erfolg und das deutsche Gesundheitssystem liegt nach Expertenmeinung bei der Digitalisierung im europäischen Vergleich mindestens ein Jahrzehnt zurück. Doch das könnte sich 2024 ändern und der Gesetzgeber hilft nach: „Dass es endlich vorangehen müsse und das Digitalgesetz (DigiG) sowie das Gesundheitsdatennutzungsgesetz (GDNG) hier wesentliche Schritte in die richtige Richtung sind, darüber besteht Einigkeit zwischen Regierungs- und Oppositionsfraktionen ... ", so das Deutsche Ärzteblatt am 17. November 2023. Der Beginn einer agilen Reise kann eine Herausforderung sein, aber die Vorteile, die sie bietet, machen sie zu einer lohnenden Investition. Krankenhäuser, die bereit sind, den Sprung zu wagen und agil zu werden im Qualitätsmanagement und im Audit, sind besser gerüstet, um im digitalen Zeitalter weiter erfolgreich zu sein.

Zu jeder Arbeit gehört ein gutes Team – das war auch bei Entstehung dieses Buches so. Mein größter Dank gilt meinem Mann: Robert Färber. Er hat mir durch seine Unterstützung viel freie Zeit fürs Schreiben ermöglicht und war ein wichtiger Partner im Feedback. Und in dieses Buch floss sehr viel interne Auditerfahrung und Wissen aus rund 20 Jahren QM BÖRCHERS CONSULTING + ein. Dazu brachte Anne Intemann ihr Know-how als Scrum-Master ein und gestaltete das Kapitel „Der Agile Auditprozess" als ehemalige Mitarbeiterin mit. Ihr gebührt dafür mein besonderer Dank. Meiner Lektorin Dr. Gabriele Nintemann und auch den Verantwortlichen von Springer Gabler mit Dr. Isabella Hanser, Programmleiterin, und Margit Schlomski, Senior Editor, sage ich Danke für die wiederholt gute Zusammenarbeit in den vergangenen Monaten bei diesem neuen Buchprojekt.

Allen Leserinnen und Lesern wünsche ich viel Spaß beim Lesen, viele neue Erkenntnisse und vor allem viel praktischen Nutzen für Ihre Audits. Und wie heißt es so schön im Silicon Valley:

„The only way to do it is to do it."

im Dezember 2023 Kirstin Börchers

Zum Buch

Audits im Krankenhaus werden oft noch sehr dokumentenlastig und auf ISO-Konformitätsprüfung ausgerichtet durchgeführt. Dabei geht es in Zeiten von E-Health, Digitalisierung und künstlicher Intelligenz (KI) im Krankenhaus längst um mehr. Auch dort sind die Transformationsprozesse nicht mehr aufzuhalten. Disruptionen wie die COVID-19-Pandemie oder der wohl weiter anhaltende Boom der Digitalisierung des Gesundheitswesens zwingen die Krankenhäuser schon jetzt dazu, ihre Organisationsstrukturen und das Qualitätsmanagement nachhaltig zu überdenken. Und dabei sind Mitarbeiter mit ihren Interaktionen wichtiger als Prozesse und Werkzeuge.

Hinzu kommt, dass sich die Anspruchshaltung der neueren Arbeitsgenerationen Y und Z geändert hat. Sie wollen Privat- und Berufsleben besser miteinander vereinen und Selbstverwirklichung und Sinngebung gewinnen an Bedeutung. Aber nicht nur die Mitarbeiter*innen verändern sich, auch Patient*innen, die zunehmend digital gestaltete Versorgungsangebote wie Online-Sprechstunden oder Digitale Anwendungen (DiGA) in Anspruch nehmen und einfordern. Und es findet ein Umbruch der Geschäftsmodelle und Strukturen im Gesundheitswesen statt, flankiert von Reformen, Gesetzgebung und Medizin 4.0 mit zunehmender Digitalisierung und Einsatz von künstlicher Intelligenz.

Diesen Veränderungsprozessen kann man nicht mehr mit tradierten Verhaltensweisen im Krankenhaus und veralteten Auditmethoden begegnen. Hier greifen erfolgreich agile Praktiken und Methoden sowie der Einsatz von Audits im Sprint, Scrum und Kaizen.

Agilität im Qualitätsmanagement und in der Durchführung interner Audits stehen auch nicht im Widerspruch zum Leitfaden ISO 19011 «Auditierung von Managementsystemen» und zur Qualitätsnorm DIN EN ISO 9000. Denn es geht z. B. um die Wirksamkeit und Eignung des QM-Systems sowie dessen Chancen zur Weiterentwicklung. Hier gibt das Buch zu Beginn in **Teil I „Einführung in die Theorie“** einen ausführlichen Überblick über die universellen Normen mit ihren Impulsen für Qualitäts- und Auditmanagement nach DIN EN ISO 9000 und DIN EN ISO 19011 mit deren Inhalt und Umsetzung sowie den dazugehörigen Kernthemen.

In **Teil II „Gestaltung des Audits im Wandel“** wird thematisiert, was es bedeutet, Auditor*in im agilen Umfeld zu sein. Inhalt ist auch ein kurzer zusammenfassender

Leitfaden für die Gestaltung des Audits und u. a. ein Überblick zum Ursprung und der Idee agiler Prinzipien.

Das Wissen um den agilen Auditprozess mit dessen Planung, Durchführung und Abschluss sichert und bereichert im Transformationsprozess die Arbeit für Qualitätsverantwortliche im Krankenhaus. So steht daher im **Teil III „Auf dem Weg zum agilen Audit“** der Agile Auditprozess neben den Themen „Veränderung durch Projektagilität“ und „Innovationskraft durch Design Thinking“ im Fokus.

Das Buch bietet zusammenfassend **eine Einführung in die Theorie** für die **Gestaltung des Audits im Wandel** auf dem **Weg zum agilen Audit** im Krankenhaus.

Inhaltsverzeichnis

Über die Autoren

Prof. Dr. Kirstin Börchers studierte Medizin an der Universität Ulm, promovierte 1990 zum Doktor der Medizin und war als wissenschaftliche Assistentin und Qualitätsmanagement-Beauftragte der Frauenklinik der Friedrich-Alexander-Universität Erlangen tätig. 2001 schloss sie ihre Weiterbildung zur Fachärztin für Gynäkologie und Geburtshilfe ab und gründete 2004 die QM BÖRCHERS CONSULTING +, die im Jahr 2024 ihr 20-jähriges Jubiläum feiert.

Seit 2007 gibt Prof. Dr. Kirstin Börchers als Lehrbeauftragte ihr Wissen in den Masterstudiengängen Medizinmanagement der Universität Duisburg-Essen – der ersten deutschen Universität des 21. Jahrhunderts – in den Lehrveranstaltungen „Qualitätsmanagement im Gesundheitswesen“ weiter. Am 11. Dezember 2018 wurde ihr von der Wirtschaftswissenschaftlichen Fakultät der Universität Duisburg-Essen die Bezeichnung Honorarprofessorin verliehen.

Sie ist Autorin mehrerer Fachbücher, beteiligt sich seit 2021 als Konsortialpartnerin an Innovationsfondsprojekten des Gemeinsamen Bundesausschusses (G-BA) und ist ehrenamtlich engagiert als Sprecherin der AG „Qualitätsmanagement in der Aus-, Fort- und Weiterbildung“ der GQMG (Gesellschaft für Qualitätsmanagement in der Gesundheitsversorgung e. V.).

Abbildungsverzeichnis

Tabellenverzeichnis

Teil I

Einführung in die Theorie

1 Der klassische Auditprozess

Der klassische Auditprozess im Qualitätsmanagement eines Krankenhauses ist ein Vergleich von Soll und Ist, von Theorie und Praxis, von Vorgabe und Erfüllung. Ein Audit dient grundlegend dazu, neue Perspektiven zu eröffnen und erste Antworten auf Fragen wie „Was ist noch wichtig, interessant oder zu verbessern?“ oder „Was wäre, wenn …?“ zu geben. Ein Audit kann auch im Krankenhaus helfen, Potenziale zur Optimierung von Prozessen und Arbeitsweisen zu ermitteln, ein Managementsystem, zum Beispiel für Qualität nach international anerkannten ISO-Standards einzuführen und weiterzuentwickeln, die Einführung oder die Einhaltung neuer Vorgabe zu bewerten, eine Änderung von Abläufen auf ihre Umsetzung in der Praxis zu prüfen, Chancen und Risiken zu ermitteln und generell die Auswirkungen von Veränderungen bei Prozessen, Dienstleistungen, Standorten und Rahmenbedingungen auf die betriebliche Praxis zu verfolgen.

Ein Audit hat idealerweise einen aus dem Auditprogramm abgeleiteten Auditauftrag und eine systematische Vorgehensweise.

1.1 Einleitung

Qualität ist kein Zufall! Vielmehr sichern regelmäßige Audits die Wirksamkeit des Qualitätsmanagements durch die Mitarbeiter*innen. Audits bieten in festgelegten Abständen wertvolles Feedback, um den Aufbau und die Abläufe im Krankenhaus laufend weiter zu verbessern. Gleichzeitig entsteht darin eine Routine, sodass auch in arbeitsintensiven Zeiten dem Qualitätsmanagement die erforderliche Aufmerksamkeit gewidmet werden kann.

Das Wort „Audit“ ist das Substantiv von „audit“ – er, sie, es hört. Und so agieren Auditor*innen in Audits erst einmal als „Zuhörer*innen“ und ziehen aus dem Gehörten ihre Schlüsse. Fragen und Beobachtungen ergänzen das Audit. Krankenhäuser, welche

K. Börchers, *Agile Audits im Krankenhaus*, https://doi.org/10.1007/978-3-658-44339-9_1

die Erfahrungen von kompetenten Auditor*innen aufgreifen, erhalten viele wertvolle Impulse. Denn die Auditor*in wirft einen neutralen Blick auf das Managementsystem und damit auf das ganze Krankenhaus – und sieht, wo versteckte Abweichungen und Verbesserungspotenziale sind. [1].

Die Etablierung des internen Audits als zentrale Methode zur Evaluierung eines ISO-Managementsystems hat eine lange Geschichte.

„Schon in den 90ern gab es parallel die ISO-Reihen 10011-1 bis 3 für Qualitätsaudits und 14011-1 bis 3 für Umweltaudits. Es waren empfehlende Leitfäden für die Auditdurchführung, die Auditor*innen-Qualifikation und das Management des Auditprogramms. ISO 10011:1992 unterstützte so die Anforderung eines internen Audits von ISO 9001, als darin noch die Qualitätssicherung für die Prozesse Entwicklung, Produktion und Kundendienst statt des Managementsystems im Mittelpunkt stand. Schon damals hat das Audit die Funktion, Nachweise für deren Eignung und Angemessenheit zu ermitteln. Vom damaligen ISO-Auditleitfaden bis zur heute aktuellen Folgenorm ISO 19011:2018 sind die drei wesentlichen Elemente [Steuerung Auditprogramm, Durchführung Audit, Kompetenz-Beurteilung Auditor*in, A. d. V.] im Auditprozess immer erhalten geblieben. So wie sich die Managementsysteme über Normengenerationen in Richtung Gesamtorganisation, Regelkreis, Prozessorientierung, Risiko und Kontext weiterentwickelt haben, entwickelte sich auch der ISO-Auditleitfaden weiter. Die drei Elemente Auditprogramm, Einzelaudit und Auditor*in sowie die Disziplinen Umwelt und Qualität wurden zusammengeführt. PDCA, Prozess-, Kontext- und Risikoorientierung sind nun selbstverständlich berücksichtigt." [2].

2022 wurde die DIN-EN-ISO 9001-Norm – der zwischenzeitlich weltweit anwendbaren und anerkannten Norm für das Qualitätsmanagement – 35 Jahre alt. Damit unmittelbar verbunden ist die jahrzehntelange Erfahrung in der Durchführung Interner Audits, in der DIN-EN-ISO 9001:2015-Norm im Abschn. 9.2 bzgl. der Anforderungen dargelegt.

Per Norm ist gefordert, dass das Krankenhaus in geplanten Abständen interne Audits durchführt, um zu überprüfen, ob die eigenen Anforderungen an das Qualitätsmanagementsystem und die Anforderungen der ISO 9001:2015 erfüllt und ob das Qualitätsmanagementsystem verwirklicht und aufrechterhalten wird. Und es werden weitere Detailforderungen an die Planung, Durchführung und den Abschluss interner Audits formuliert. Es geht darum, zu regeln, wie häufig Audits durchgeführt werden, wer verantwortlich ist und welche Anforderungen an die Planung und Berichterstattung (unter Berücksichtigung der betroffenen Prozesse, Änderungen mit Einfluss auf das Unternehmen und die Ergebnisse vorheriger Audits) gestellt werden. Qualität und dessen Management sind aber schon viel länger von Bedeutung, als im ersten Moment angenommen werden könnte.

Schon im Altertum spielte Qualität bei der Herstellung und dem Tausch von Gütern eine große Rolle. Die Babylonier beispielsweise führten Längen- und Gewichtseinheiten ein, welche später von den Römern und Griechen weiterentwickelt wurden.

Zu Beginn des 20. Jahrhunderts prägten vor allem Henry Ford und F. W. Taylor den Begriff „Qualitätsmanagement".

In den 1930er Jahren entwickelte Walter A. Schuhart die Qualitätsregelkarte; mit ihr konnten funktionierende Prozesse durch Stichproben überwacht werden und in den 1960ern rückte das Thema „Qualitätskontrolle als zentrale Managementaufgabe" mit der Etablierung des PDCA-Zyklus (Plan, Do, Check, Act) durch den Qualitätspionier Deming in den Fokus.

In den 1980er Jahren kamen schließlich Qualitätsnormen für Managementsysteme auf und 1987 wurde die ISO-9000-Normenreihe publiziert, in Deutschland als DIN-EN-ISO-Norm 9001. 2015 erfolgte die letzte Anpassung an die „High Level Strukturen", einer Grundstruktur (basierend auf dem Annex SL), die seit 2012 als die Grundlage für den strukturierten Aufbau aller ISO-Managementsystemnormen gilt und die Synchronisierung mehrerer verwendeter Standards durch den selben Aufbau hin zu einem Integrierten Managementsystem erleichtert.

1.2 Ablauf des klassischen Audits

Nach Beauftragung des Internen Audits durch den Auditauftraggeber beginnt die Arbeit der Auditleitung bzw. der Auditor*in.

Für jedes Audit sind Auditkriterien und der Umfang festzulegen. Die Auditor*innen müssen dabei so ausgewählt und die Audits so durchgeführt werden, dass die Objektivität und Unparteilichkeit des Audits sichergestellt sind. Die Ergebnisse der durchgeführten Audits sollten durch die Auditleitung dem Auditauftraggeber kommuniziert werden. Geeignete Korrekturen und Korrekturmaßnahmen sind nach Durchführung des Audits ohne gerechtfertigte Verzögerung umzusetzen. Nachweise in Form von dokumentierten Informationen über die Verwirklichung des Auditprogrammes bzw. der Auditprogramme und der Ergebnisse der Audits sind zu erstellen und aufzubewahren. Die Abb. 1.1 stellt den idealtypischen Ablauf eines klassischen Audits auf einen Blick dar.

Nach Abschluss des Audits übernimmt das interne Qualitätsmanagement die weitere Bearbeitung des Auditberichtes. Es geht dabei um die Konsentierung von Maßnahmen durch die auditierte Einheit in einem Maßnahmenkatalog und die Sicherstellung der Umsetzung. Die Auditergebnisse fließen regelmäßig auch in die Management-Bewertung nach DIN EN ISO 9001:2015 ein.

Jedoch können Audits auch scheitern, wenn Interviewfragen auf der Einführungssituation des schon jahrelang existierenden QM-Systems basieren („The same procedure as every year"), die Auditatmosphäre angespannt ist, die Audits auf die Entdeckung von Schwachstellen und weniger auf eine Identifikation von Verbesserungspotenzialen fokussiert sind (d. h. es werden selten Verbesserungen/Innovationen ausgelöst, sondern nur Defizite „ausgebügelt") und das Audit nicht Prozesse, sondern nur Funktionen auditiert.

Zusammenfassend hat sich das Krankenhaus auf das Audit gut vorbereitet, wenn:

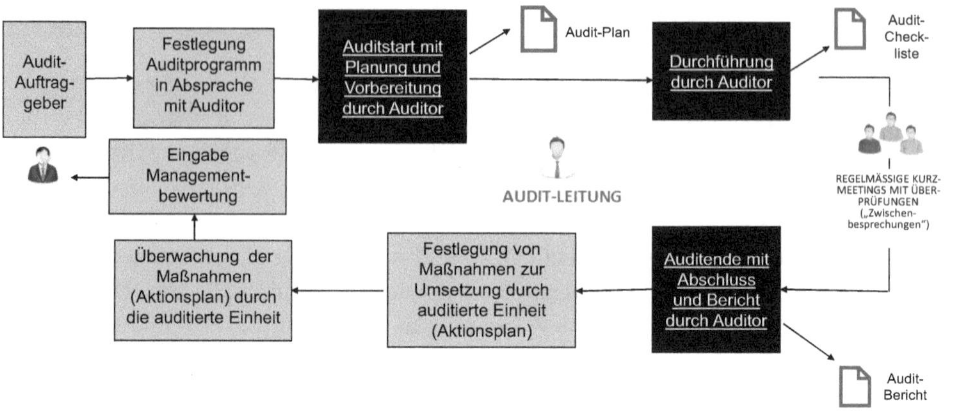

Abb. 1.1 Idealtypischer Ablauf des Klassischen Audits auf einen Blick. (Quelle: Eigene Darstellung)

- die Auditziele klar definiert sind,
- der Auditplan und Umfang festgelegt sind,
- das Auditteam zusammengestellt und über den Ablauf informiert ist,
- die erforderlichen Auditdokumente vorhanden und geprüft wurden und
- der Zeitplan für das bevorstehende Audit klar ist.

Im Folgenden wird beschrieben, wie der klassische Auditprozess geplant, durchgeführt und abgeschlossen wird.

1.3 Planung des Audits

1.3.1 Festlegung des Auditprogramms

Zur Eingrenzung des geplanten Audits kann es vorab für die Planung des Audits wichtig sein, zunächst die Bestimmung der relevanten Prozesse und die dafür zur Verfügung stehenden Mittel genau zu betrachten. Ist das Auditziel „nur" die Erfüllung der Konformität oder die Sicherstellung eigener Prozessvorgaben? Oder sind kontextbezogene Auditeinheiten geplant?

Dann ist es oft notwendig, vom **Auditauftraggeber** detaillierte und konkrete Angaben einzufordern. Zur Durchführung vor allem kontextbezogener Auditeinheiten bedarf es eines besonderen Rückhalts und ausreichender Ressourcenfreigabe durch den Auditauftraggeber, damit darüber hinaus auch die Relevanz der Auditschwerpunkte sowie die Durchführung gesichert werden. Es ist daher zielführend, mit dem Auditauftraggeber ins **Abstimmungsgespräch** zum konkreten Auditziel zu gehen und Fragen zum Thema mitzunehmen. Der **Auditauftrag** unterstützt – ebenso im Sinne des risikobasierten Planens und Durchführens von Audits nach ISO 19011 – die Unternehmensstrategien und das Unternehmens-Know-how zu internen und externen Themen. Das bedeutet in der Konsequenz aber auch: Ohne geklärtes Auditziel und -auftrag = besser kein Audit.

Nach Beauftragung durch den Auditauftraggeber startet der klassische Auditprozess mit einer guten Planung durch die beauftragte Auditor*in, die oft auch die Rolle der Auditleitung übernimmt. [3, 4].

Die bzw. der Auditor*in legt zunächst das Auditprogramm fest.

Verfahren zur Festlegung des Auditprogramms:

a) **Definition Auditprogrammziele**
b) **Einordnung Auditprogramm**
   - Risikobewertung
   - Festlegung der Verfahren
   - Rollenverantwortlichkeiten
   - Ressourcenermittlung
   - Umfang
c) **Umsetzung des Auditprogramms**
   - Verantwortlichkeit für das einzelne Audit festlegen
   - Management der Auditergebnisse
   - Verwaltung der Aufzeichnungen
   - Ziel und Umfang des einzelnen Audits
   - Auswahl der Methoden
   - Auswahl der Teammitglieder
d) **Überwachen und Bewerten des Auditprogramms**
e) **Optimierung des Auditprogramms**

Das Audit wird zeitlich festgelegt, der Auditumfang bestimmt und die für das Audit in Frage kommenden Mitarbeiter*innen („Auditteilnehmer*innen“) ausgewählt.

1.3.2 Erstellung eines Auditplanes

Neben der Erfüllung der Konformität und eigener Prozessvorgaben folgt die weitere Erstellung des Auditplanes durch die **Unterteilung der Prozesse in seine Teilprozesse,** die zu auditieren sind. Der Auditplan wird idealerweise an Teilprozessen ausgerichtet und die Zeiteinteilung wird festgelegt.

Die Abb. 1.2 stellt beispielhaft die Aufnahme eines Notfallpatienten in einem digitalisierten Krankenhaus dar. Der Prozess unterteilt sich in diesem Beispiel in „Aufenthalt

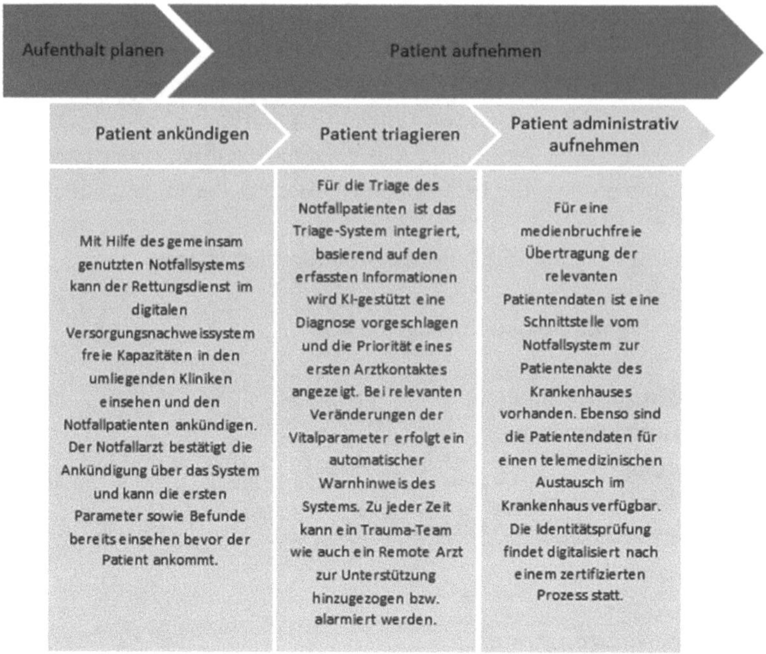

Abb. 1.2 Aufnahme einer Notfallpatienten im digitalisierten Krankenhaus (Auszug). (Quelle: Eigene Darstellung)

planen“ und „Patient aufnehmen“. Weitere Teilschritte in der Aufnahme eines Notfallpatienten sind „Patient ankündigen“, „Patient triagieren (mobil/liegend)“ und „Patient administrativ aufnehmen“. In diesem Beispiel sind also insgesamt fünf Teilprozesse zu auditieren.

Auditunterlagen, die beim Audit eingesehen werden sollen, können im Auditplan aufgelistet werden. Dies bezieht sich auf Standard Operating Procedure (SOPs), Verfahrensanweisungen (VAs), Standards, Normen, Spezifikationen, Ergebnisse früherer Audits, Umfragen z. B. bei Patient*innen und Managementberichte u. a. der Geschäftsführung.

Welche Ziele und welchen Rahmen soll das geplante Audit haben? Dieses wird idealerweise in Abstimmung mit der Auditleitung und dem Auditauftraggeber festgelegt und kann dann im Auditplan beispielsweise so dargestellt werden:

Auditrahmen (Beispiel):

- Das Interne Audit wird einmal im Jahr als Systemaudit durchgeführt.
- Ziel des Internen Audits ist die Feststellung der Übereinstimmung des Managementsystems der oben genannten Organisation mit den Anforderungen der DIN EN ISO 9001:2015.

- Folgende Leitfragen stehen bei dem Systemaudit im Vordergrund:
  - Erfüllen die Verfahren die Anforderungen der Norm?
  - Ist das Managementsystem wie geplant realisiert worden?
  - Werden die geforderten Verfahren in der Praxis verstanden und umgesetzt?
  - Kann die Umsetzung und Fortschreibung des Kontinuierlichen Verbesserungsprozesses (KVP) dargestellt werden?
- Der abschließende Auditbericht wird in deutscher Sprache erstellt und soll darlegen, ob bzw. wie weit die Anforderungen der Norm erfüllt sind.

Die Tab. 1.1 stellt beispielhaft einen Auditplan dar:

Der Auditplan wird nach Fertigstellung durch die Auditor*in rechtzeitig an die Auditteilnehmer*innen versandt, i. d. R. 4 Wochen vorab. [1].

Jetzt kann es in die weitere Auditplanung gehen.

1.3.3 Vorbereitung der Auditdurchführung mit Erstellung eines Fragenkataloges (Checkliste)

Da beim Audit oft eine Prüfungssituation entsteht und die Beteiligten meistens sehr angespannt sind, ist es ratsam, sich ausgiebig auf das bevorstehende Audit vorzubereiten. So sollten ruhige Räume für die Auditor*innen bereitstehen sowie genug Zeit eingeplant sein.

Tab. 1.1 Auditplan Aufnahme eines Notfallpatienten im digitalisierten Krankenhaus (Auszug) (Quelle: Eigene Darstellung)

Datum	Uhrzeit	Ort des Audits	Teilnehmer	Inhalte des Audits
18.10.2023	11.00 – 12.30	**Notaufnahme**	Leitung der Notaufnahme, Vertretungen von Ärzten, Gesundheits- und Krankenpfleger*innen, Mitarbeitende aus der Patientenaufnahme und aller weiteren Berufsgruppen der Notaufnahme	Befragung und Einsichtnahme in Dokumente und Aufzeichnungen, u. a. zu folgenden Themen: **7 Unterstützung** - 7.1 Ressourcen 7.1.2 Personen 7.1.3 Infrastruktur 7.1.4 Umgebung zur Durchführung von Prozessen 7.1.5 Ressourcen zur Überwachung und Messung 7.1.6 Wissen der Organisation - 7.4 Kommunikation **8 Betrieb** - 8.1 Betriebliche Planung und Steuerung - 8.4 Kontrolle von extern bereitgestellten Produkten und Dienstleistungen - 8.5 Produktion und Dienstleistungserbringung
18.10.2023	13.00 – 13.30	**Zwischenbesprechung Auditor*innen**		

Wichtig ist es zunächst, die Ergebnisse früherer Audits zu betrachten und diese entsprechend in den Fragenkatalog einzuarbeiten. Dies sichert eine gute kontinuierliche Verbesserung des zu auditierenden Krankenhauses und ist mit Wertschätzung und Anerkennung gegenüber den Mitarbeiter*innen verbunden, die in der Regel entsprechende Verbesserungsmaßnahmen schon erfolgreich umgesetzt haben. Auditfeststellungen früherer Auditberichte lassen auch wertvolle Schlüsse bzgl. des Qualitätsmanagement-Reifegrades des Krankenhauses zu.

Aber auch ein optimaler Fragenkatalog (Checkliste) ist erforderlich und zu erarbeiten, denn gut vorbereitete Auditfragen sichern den Auditerfolg. Offene Fragen sind die bewährteste Fragetechnik im Audit und zeigen Interesse am Gesprächspartner.

Dazu zählen die klassischen W-Fragen: „Wer, wie, was, wieso, weshalb, warum…". Der Auditteilnehmer kann ohne Einschränkungen ausführlich und detailliert antworten. Offene W-Fragen sind zielführend, um viel zu erfahren und ermöglichen tiefgehende Gespräche. Nachfolgend einige Beispiele: Wie wird bei Ihnen sichergestellt, dass …? Wie ermitteln Sie den Schulungsbedarf in Ihrem Krankenhaus? Was tun Sie im Falle von Patientenbeschwerden?

Tab. 1.2 stellt die Struktur der Checkliste beispielhaft dar. Die Punkteanzahl wird nach einem Bewertungsschema festgelegt, welches in Tab. 1.3 „Bewertung valider Auditfeststellungen" dargelegt ist.

Alle Beteiligten sollten in einem konstruktiven Dialog stehen. Nur wenn mit offenen Karten gespielt wird, können daraus aussagekräftige Ergebnisse resultieren. Je offener die Auditatmosphäre, umso schneller und effektiver kann das Audit durchgeführt werden.

Das Audit ist gut geplant, wenn:

- die Vertrautheit mit den wichtigsten Rechtsgrundlagen und Regelwerken (u. a. Normen ISO 9000, ISO 19011, Erhebungsbögen der Fachgesellschaften) gegeben ist,
- die zugesandten Unterlagen bekannt sind,
- die früheren Auditberichte des Krankenhauses berücksichtigt wurden,
- die wesentlichen Änderungen seit dem letzten Audit (u. a. neue Verfahren, Digitalisierung) zur Kenntnis genommen wurden,
- die aktuelle Führungsstrategie bekannt ist und
- die Informationen über Beschweden und mögliche Verfahren zu Behandlungsfehlern berücksichtigt wurden (Internetrecherche).

1.4 Durchführung des Audits

Ein Audit ist eine systematische Überprüfung von Prozessen, Produkten oder ganzen Systemen, die im Rahmen des Qualitätsmanagements durchgeführt wird.

Für die **Durchführung** des Audits werden Fragen-Kataloge (Checklisten) eingesetzt, s.a. Tab. 1.2. Diese dienen zur Konformitätsprüfung u. a. von Dokumenten und der kontextbezogenen Durchführung von Auditinterviews mit Führungskräften und Mitarbeitern in den jeweils festgelegten Bereichen. Das Audit läuft in 5 Phasen ab.

Tab. 1.2 Auditcheckliste Aufnahme eines Notfallpatienten im digitalisierten Krankenhaus (Auszug) (Quelle: Eigene Darstellung)

Normanforderung	Dokumentation/ Nachweis	Punktanzahl 0–10 *
<u>7 UNTERSTÜTZUNG</u>		
7.1 Ressourcen		
7.1.2 Personen		
▪ Gibt es einen Stellenplan?	Personal, Stellenplan	10
7.1.3 Infrastruktur		
▪ Wie ist der Stand der Technik? Sind alle Räume mit der notwendigen Hardware ausgestattet?	Investitionspläne	6
▪ Welche größeren Investitionen wurden in den letzten Jahren getätigt und welche sollen noch in den nächsten Jahren getätigt werden?	Immobilien	8
▪ Ist die Datenübertragung in den verschiedenen Systemen medienbruchfrei?	Ausrüstung	4
▪ Sind die benötigten Daten aus den verschiedenen Systemen der Notaufnahme auf verschiedenen Geräten verfügbar? Können alle Berufsgruppen die notwendigen Patienteninformationen einsehen?	Ausrüstung	8
▪ Ist die gesamte Notaufnahme mit einer Internetverbindung ausgestattet?	Ausrüstung	8
7.1.6 Wissen der Organisation		
▪ Wie stellen Sie sicher, dass das Wissen von den Mitarbeitenden nicht verloren geht?	Zielsetzungspläne	8
▪ Wie stellen Sie sicher, dass alle dokumentieren Informationen verfügbar sind?	QM- Handbuch	0
7.4 Kommunikation		
▪ Wie geht die Notaufnahme mit Beschwerden von Patienten und Angehörigen um?	Anschlagstafeln Gruppenschulungen	8
▪ Wie ist die Kommunikationsstrategie in der Klinik/Notaufnahme?	Kommunikationsmatrix	8
▪ Wie können Verbesserungsvorschläge benannt werden?	Besprechungsprotokolle/-berichte	6
<u>8 BETRIEB</u>	Projektstrategiekonzept	
8.1 Betriebliche Planung und Steuerung	Lastenhefte	
▪ Wir wurden Prozesse in den letzten Jahren aus der Notaufnahme ausgegliedert?	Qualitätspläne	8
▪ Wie ist die strategische Ausrichtung der Notaufnahme? Wie sieht die Strategie für die nächsten Jahre aus?	Meilensteinpläne Machbarkeitsnachweise	8
▪ Wie ist der Datenschutz und die Datensicherheit gestaltet?	Risikobewertungen Prozessbewertungen	8

* Die Punkteanzahl wird nach einem Bewertungsschema festgelegt, welches in Tabelle 1.3 „Bewertung valider Auditfeststellungen" dargelegt ist.

1.4.1 Durchführung des Audits in 5 Phasen

Mit der **Phase 1** beginnt das Audit vor Ort in der Regel mit einem Einführungsgespräch. Es werden mit den Auditteilnehmern abschließend Ziel, Umfang und der Ablauf besprochen. Dies bezieht sich auf die Termine der Vor-Ort-Begehungen, die z. B. aufgrund von Personalausfall hier noch nachjustiert werden können. Und natürlich werden noch offene Fragen besprochen und geklärt. In dieser Phase empfiehlt sich eine Übersichts-Begehung der zu auditierenden Bereiche.

Mit der **Phase 2** laufen die „Audituntersuchungen" an. Dies geht z. B. durch Befragungen mit einem gut vorbereiteten Fragenkatalog, der Auditcheckliste. Die Fragen sollten offen gestellt werden z. B. durch den Einsatz von sog. W-Fragen. „Vom Allgemeinen zum Speziellen", das ist hier die Devise. Und Unklarheiten sollten immer direkt und vor Ort geklärt werden. Sollten bei der Prüfung der Unterlagen und der Beobachtung von Tätigkeiten schwerwiegende Abweichungen von der Qualitätsnorm ISO 9001 und Nichtkonformitäten festgestellt werden, sollten sofort Maßnahmen zur Verbesserung eingeleitet werden. Es empfiehlt sich bzgl. der Rückverfolgbarkeit das Führen einer Auditteilnehmerliste.

In **Phase 3** werden Potenziale für Verbesserungen aufgezeigt und Verbesserungsmaßnahmen festgehalten. Valide Auditfeststellungen, basierend auf den gesetzten Auditzielen, werden getroffen und dokumentiert.

Die Tab. 1.3 stellt ein mögliches Bewertungsschema zur Systematisierung vor:

Bei etwaigen Abweichungen (AW) werden diese gesondert betrachtet. [5] Man unterscheidet „Kritische systematische Abweichungen" und „Nicht kritische Abweichungen".

Kritische Systematische Abweichungen gefährden nachweislich die Funktionsfähigkeit des QM-Systems und sie sind nur mit großem Aufwand im Bereich des Managements zu beheben. Ein Beispiel für eine Kritische Systematische Abweichung wären abgelaufene Medikamente, nicht nur auf einer Station, sondern stichprobenhaft verifiziert auf den Stationen im gesamten Klinikum. Bei sog. Kritischen Abweichungen wird ein Abweichungsbericht noch im Audit erstellt. Dieser Abweichungsbericht wird in den zu erstellenden Auditbericht mit Benennung des 9001-Normabschnittes bzw. der Forderung der Norm

Tab. 1.3 Bewertung Valider Auditfeststellungen (Quelle: Eigene Darstellung)

BEWERTUNG NACH PUNKTEN		
Anzahl der Punkte	Umsetzung	Anmerkungen
10	E	Sehr gut erfüllt
8	E	Gut erfüllt (mehr als ¾)
6	VP	Befriedigend erfüllt mit Verbesserungspotenzial
4	VP!	Unzureichend erfüllt
0	AW	Nicht erfüllt

oder weiterer Anforderungen (z. B. Erhebungsbögen der Fachgesellschaften u. a. Onko-Zert, EndoCert) mit eingearbeitet. Die Kritischen Abweichungen sollten durch die Auditor*in protokolliert und von Auditteilnehmer*innen bestätigt werden. Der Abweichungsbericht beinhaltet dann die Formulierung der Kritischen Systematischen Abweichung, die mögliche Ursache und konkrete notwendige Korrekturmaßnahmen. Es wird eine entsprechende Verteilerliste bestimmt und Termine für die Umsetzung der Korrekturmaßnahmen konsentiert und dokumentiert.

Nicht kritische Abweichungen sind leicht zu beheben und können ggf. schon im Audit beseitigt werden. Sie gefährden nachweislich die Funktionsfähigkeit des QM-Systems nicht. Hier wäre betrachtet auf das oben genannte Beispiel sicherzustellen, dass wirklich nur ein abgelaufenes Medikament auf einer Station im gesamten Klinikum gefunden wird. Dieses lässt sich leicht austauschen.

Das Abschlussgespräch findet in **Phase 4** statt. Es erfolgt ein gemeinsames Feedback zum durchgeführten Audit.

Mit **Phase 5** schließt die Durchführung des Audits ab, indem ein Auditprotokoll mit den entsprechenden Auditfeststellungen zur Konformität bzw. Nicht-Konformität erstellt und somit die Auditergebnisse dokumentiert werden. Dies schließt auch die Sicherung der Nachweisdokumente und falls notwendig auch die Abweichungsberichte ein.

Das Auditprotokoll beinhaltet in der Regel Aspekte der Struktur-, Prozess- und Ergebnisqualität:

Struktur	Prozess	Ergebnis
Auditteilnehmer und Verantwortliche Grund für Durchführung des Audits Kriterien und Begründungen	Beschreibung des Prozesses Schema der Bewertung Positive Aspekte	Darstellung des Ergebnisses Nicht bewertete Auditfragen Zusätzlich bewertete Auditfragen Bei Fragen, die weniger als 10 Punkte (Anforderungen voll erfüllt) erreicht haben: Begründung Bei Abweichungen: Belegung mit Nachweisen Plan für zukünftige Maßnahmen

1.5 Abschluss mit Erstellung und Abgabe eines Auditberichtes

Zum **Abschluss** des Audits 6] werden im Nachgang zeitnah die Auditergebnisse ausgewertet. Es erfolgt die Erstellung eines Auditberichtes mit Bewertung der Abweichungen und Verbesserungspotenziale. Es können Folgemaßnahmen durch entsprechende Korrektur- und Vorbeugemaßnahmen eingeleitet werden. In Einzelfällen muss ein Nachaudit durchgeführt werden. Letztendlich ist dafür Sorge zu tragen, dass die Auditdokumente angemessen archiviert werden.

Nr.	Feststellungen des Audits	Bewertung
7.1	Ressourcen	
7.1.2	Personen Eine systematische Dokumentation der Mitarbeitergespräche kann zum Auditzeitpunkt eingesehen werden.	E
	Der Stellenplan ist einsehbar und aktuell.	E
	Die Kürzel-Liste ist einsehbar, allerdings ist diese nicht vollständig. ...	VP
7.1.3	Infrastruktur	
	Eine Geräteliste ist nicht auf dem neusten Stand.	VP
	Die Räume und die Mitarbeitenden der Notaufnahme sind mit der entsprechenden Hardware ausgestattet, es finden sich Computer, Tablets und Smart Devices in den Räumen bzw. bei den Mitarbeitenden.	E
	Es besteht nicht zwischen allen Geräten und Systemen der Notaufnahme eine medienbruchfreie Datenübertragung.	VP
	Die gesamte Notaufnahme ist mit WLAN ausgestattet	E
	Es findet eine medienbruchfreie Kommunikation zwischen dem Rettungswagen und der Notaufnahme statt.	E
	Die technische Ausrüstung in der Notaufnahme ist funktionsfähig und zeitgemäß. ...	E
7.1.6	Wissen der Organisation Elemente des Wissensmanagements unter Einbezug interner und externer Quellen können strukturiert und systematisch nachvollzogen werden.	E
	Die Teilnahme aller Mitarbeitenden an Pflichtschulungen und entsprechend hierzu verfügbar dokumentierten Informationen können nicht durchgängig nachgewiesen werden, u. a. zu den Themen: • Reanimation • Arbeitsschutz •	AW
7.4	Kommunikation	
	Die Mitarbeitenden können Verbesserungsvorschläge von Patienten und Angehörigen in Teammeetings mündlich, aber auch schriftlich benennen. Es ist ein Prozess für Verbesserungsvorschläge etabliert und wird in der Praxis so auch angewendet.	E
	Die Protokolle von den Teammeetings werden von den Mitarbeitenden, die nicht an dem Teammeeting teilgenommen haben, durchgesehen und unterzeichnet. Es fehlen bei den letzten 2 Teammeetings noch Unterschriften von Mitarbeitenden. ...	VP
8.1	Betriebliche Planung und Steuerung der Notaufnahme	
	Der Datenschutz wird nach den gesetzlichen Vorgaben umgesetzt und eingehalten.	E

Abb. 1.3 Auszüge eines Auditberichtes nach DIN EN ISO 9001:2015. (Quelle: Eigene Darstellung)

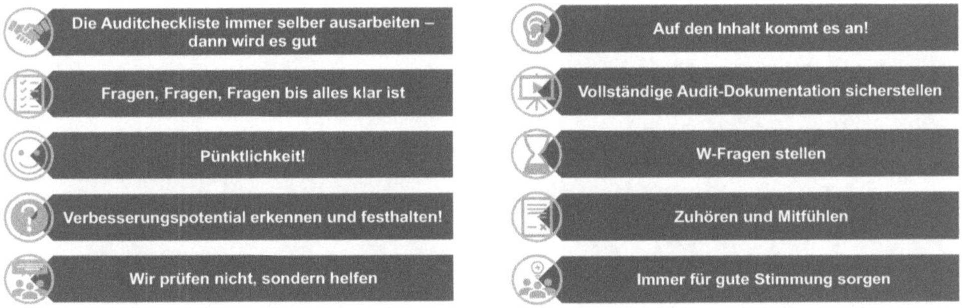

Abb. 1.4 Tipps für ein gelungenes klassisches Audit [5] (Quelle: Eigene Darstellung)

Das Audit wird mit der Erstellung eines Auditberichtes abgeschlossen. Die Abb. 1.3 stellt den Inhalt eines Auditberichtes [7, 8, 9] beispielhaft und in Auszügen dar.

In Abb. 1.4 sind abschließend Tipps für ein gelungenes klassisches Audit zusammengefasst.

Literatur

1. Kuntsche, P., & Börchers, K. (2017). *Qualitäts- und Risikomanagement im Gesundheitswesen, Basis- und integrierte Systeme, Managementsystemübersichten und praktische Umsetzung.* Springer Gabler.
2. DGQ Deutsche Gesellschaft für Qualität. Der Urquell des internen Audits. – https://www.dgq.de/fachbeitraege/prinzipien-des-internen-audits/. Zugegriffen: 13. Okt. 2023.
3. van Gelderen S. C., Zegers, M., Boeijen, W., Westert, G. P., Robben, P. B., & Wollersheim, H. C. (2017). Evaluation of the organisation and effectiveness of internal audits to govern patient safety in hospitals: A mixed-methods study. *BMJ Open, 7*(7). https://doi.org/10.1136/bmjopen-2016-015506.
4. Hut-Mossel L., Ahaus K., Welker G., & Gans R. (2021). Understanding how and why audits work in improving the quality of hospital care: A systematic realist review. *PLoS ONE,16*(3). https://doi.org/10.1371/journal.pone.0248677.
5. Gietl, G., & Lobinger, W. (2022). *Leitfaden Qualitätsaudit. Planung und Durchführung von Audits nach ISO 9001: 2015*, (7. Aufl.). Hanser Verlag.
6. Sohn, D. S. B., & Martinov-Bennie, N. (2011). The internal Audit function: Perceptions of internal Audit roles, effectiveness and Evaluation. *Managerial Auditing Journal, 26*(7), 605–622. https://doi.org/10.1108/02686901111151332.
7. Brauweiler, J., Will, M., & Zenker-Hoffmann, A. (2015). *Auditierung und Zertifizierung Von Managementsystemen: Grundwissen Für Praktiker* (1. Aufl.). Springer Fachmedien Wiesbaden GmbH.
8. Brown, A., Santilli, M., & Scott, B. (2015). The internal audit of clinical areas: A pilot of the internal audit methodology in a health service emergency department. *International Journal for Quality in Health Care, 27*(6), 520–522. https://doi.org/10.1093/intqhc/mzv085.
9. Busch, R. S. (2008). *Electronic Health Records: An Audit and Internal Control Guide* (1. Aufl.). Wiley

2 Universelle Normen mit Impulsen für das Qualitäts- und Auditmanagement nach DIN EN ISO 9000 und DIN EN ISO 19011

Die DIN EN ISO 9000 und DIN EN ISO 19011 sind internationale Normen, die sich mit dem Qualitäts- und Auditmanagement befassen. Die DIN EN ISO 9000 legt die Grundlagen für Qualitätsmanagementsysteme fest, während die DIN EN ISO 19011 Leitlinien für das Auditmanagement bereitstellt. (https://link.springer.com/chapter/10.1007/978-3-658-27004-9_3)

2.1 Einleitung

Seit Beginn der 1990er-Jahre sind Bemühungen um eine systematische Qualitätssicherung und die Umsetzung von Qualitätsmanagement im deutschen Gesundheitswesen von großer Bedeutung. Vielfältige Initiativen zur Qualitätssicherung und dessen Management beziehen sich dabei historisch gesehen vor allem auf alle unmittelbar und mittelbar qualitätsrelevanten und -bestimmenden Faktoren im Gesundheitswesen und in der Gesundheitsversorgung.

Gesundheitsbehörden und -organisationen, aber auch Krankenhäuser bevorzugen zur Zertifizierung und Begutachtung daher Audits als guten Ansatz zur Qualitätsverbesserung, indem durch sie die erbrachte Versorgungsqualität systematisch bewertet, Versorgungsbereiche mit Verbesserungspotenzial erkannt und Veränderungen mit dem Ziel der Optimierung zum Besseren umgesetzt werden können. [1]

Auch wenn die Audits einen unterschiedlichen Ansatz und Umfang haben, ist das gemeinsame Ziel, die Qualität der Patientenversorgung zu verbessern. Audits motivieren nachweislich, in regelmäßigen Zyklen Rechenschaft abzulegen und durch systematische interne und externe Reflexion und Bewertung die Versorgungsqualität der Patient*innen im Krankenhaus zu verbessern. [2]

K. Börchers, *Agile Audits im Krankenhaus,* https://doi.org/10.1007/978-3-658-44339-9_2

„Das Audit (Lateinisch audire = anhören) [3] ist ein Prozess, bei dem Bereiche einer Klinik von Auditoren besucht und anhand vorab definierter Kriterien strukturiert bewertet werden. Beim Einrichten, Zertifizieren und Aufrechterhalten von Managementsystemen (z. B. nach DIN EN ISO 9001) spielen Audits eine wichtige Rolle“ [4], so zu lesen auf der Internetseite der Charité Universitätsmedizin Berlin.

Audits bewerten die Wirksamkeit des Qualitätsmanagementsystems des Krankenhauses und können nachhaltige Verbesserungen bewirken. Informationen aus Audits, sog. Auditfeststellungen, adressieren die kontinuierliche Qualitätsverbesserung und die Steuerung von Qualitätsverbesserungsprozessen durch die verantwortlichen Mitarbeiter*innen und Führungskräfte. Audits sind also ein wichtiges Instrument zur Förderung der Qualitätsverbesserung. Sie unterstützen bei der Erreichung eines evidenten Standards, der den Best Practices, den gesetzlichen Normen und Anforderungen entspricht. [5]

Da bei der Normenreihe ISO 9000 ff. die Durchführung von internen Audits gefordert wird, sollte die ISO 19011:2018 auch im Kontext dieser Qualitätsnormenreihe gesehen werden, da sie wichtige Inhalte zum Management von Auditprogrammen, zur Durchführung von internen Audits und zur Qualifikation und Bewertung von Auditor*innen enthält.

So geben beide Normen zum einen Impulse für moderne Audits (ISO 19011:2018) und zum anderen Impulse für ein umfassendes und konsequentes Qualitätsverständnis im Krankenhaus (ISO 9000:2015).

2.2 Qualitätsphilosophie nach DIN EN ISO 9000

Ganz allgemein ist Qualität definiert als „Grad, in dem ein Satz inhärenter Merkmale eines Objekts Anforderungen erfüllt.“ [6]

Betrachtet man der Definition der Qualität im Gesundheitswesen, dann folgen historisch gewachsen die klassischen Qualitätsdimensionen nach Donabedian und [7] die Qualitätssicherung als Teil des Qualitätsmanagements. Die Abb. 2.1 stellt den Kontext dar.

Unter **Qualitätssicherung** wird die Messung und Bewertung von Qualität verstanden. Im Gesundheitswesen werden auch Prozesse und Maßnahmen zur Gewährleistung oder Verbesserung der Qualität miteingeschlossen. Einrichtungen im Gesundheitswesen sind nach § 135a SGB V verpflichtet, Qualitätssicherung zu betreiben. Die Qualitätssicherung kann in interne und externe Qualitätssicherung unterteilt werden. [8]

Beim **Qualitätsmanagement** wird hingegen das „Management bezüglich Qualität“ betrachtet – dieses kann zum Beispiel „das Festlegen der Qualitätspolitiken und der Qualitätsziele, sowie Prozesse für das Erreichen dieser Qualitätsziele durch Qualitätsplanung, Qualitätssicherung, Qualitätssteuerung und Qualitätsverbesserung umfassen“. Im Gesundheitswesen beinhaltet dies insbesondere die Dienstleistungen aber auch Produkte wie Arzneimittel oder Medizinprodukte. [9]

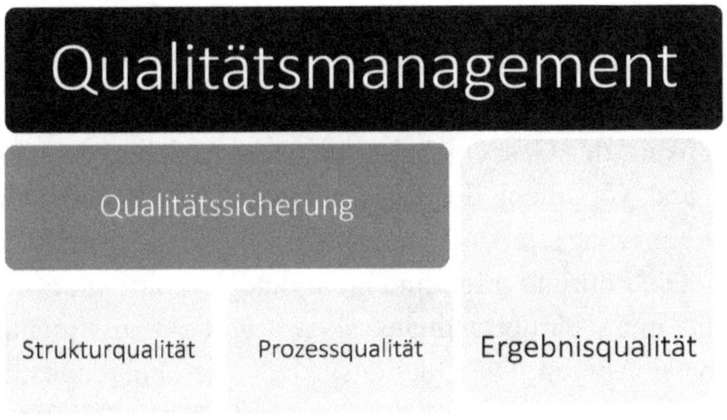

Abb. 2.1 Darstellung der Kategorien der Qualität. (Quelle: Eigene Darstellung)

Durch die Großrevision der DIN EN ISO 9001:2015 [10] sind international Veränderungen vorgenommen worden, die mehr denn je ein gelebtes – und nicht ein formalistisch gestaltetes – Qualitätsmanagement ermöglichen. [11] Es orientiert sich an realen und zeitnahen Führungsentscheidungen wobei das Veränderungsmanagement sowie das Wissensmanagement dabei eine große Rolle spielen.

In der Terminologie der DIN EN ISO 9000:2015 ist der Begriff Qualitätsmanagement dem Begriff Management nachgeordnet: Bezeichnet Management „aufeinander abgestimmte Tätigkeiten zum Führen und Steuern einer Organisation“, so richtet sich Qualitätsmanagement speziell auf das „Management bezüglich Qualität“ [9].

Die Norm zum Qualitätsmanagement ist – richtig aufgebaut und angewandt – also ein wirkungsvolles Managementinstrument.

Zur Philosophie des Qualitätsmanagements nach DIN EN ISO 9000:2015 gehören die sieben Qualitätsgrundsätze. Sie gelten als elementare Erfolgskriterien:

1. Kundenorientierung
2. Führung
3. Engagement von Personen
4. Prozessorientierter Ansatz
5. Verbesserung
6. Faktengestützte Entscheidungsfindung
7. Beziehungsmanagement

Mit der Umsetzung der sieben Qualitätsgrundsätze gelingt das Management von Qualität so durchgängig und alle Bereiche umfassend. Ausgehend von der durch die Führung formulierten Mission (dem Versorgungsauftrag der Einrichtung) und der Vision als Basis einer Managementstrategie sowie der Unternehmenskultur mit ihren Werten und Einstellungen, die sich in einem Leitbild bzw. der Qualitätspolitik wiederfinden, werden Ziele und Maßnahmen zur Umsetzung in der gesamten Organisation und in den Abläufen (Prozesse) festgelegt.

Dabei sind vielfältige Einflussmöglichkeiten und Rahmenbedingungen (Kontext der Organisation) zu berücksichtigen, wie Anforderungen und Erwartungen interessierter Parteien („Stakeholder*innen“- und Beziehungsmanagement), Aspekte der Wirtschaftlichkeit, der Gesetzgebung, der Arbeitssicherheit, des Gesundheitsschutzes, der Umwelt – und vor allem die Erwartungen und die Zufriedenheit der Patient*innen (Kundenorientierung). [12, 13]

Die Führung trägt eine nicht delegierbare Verantwortung für das Qualitätsmanagement und muss darüber hinaus aktiv für die konsequente Umsetzung auf allen Hierarchieebenen sorgen. Die Qualitätsgrundsätze „Faktengestützte Entscheidungsfindung“, „Engagement von Personen“ und die „Verbesserung“ kommen hier zum Tragen [13].

2.2.1 Umsetzung der DIN EN ISO 9000-Qualitäts-Philosophie

Qualitätsexperten sehen das Qualitätsmanagement zukünftig auch als „eine Brücke zwischen der realen und digitalen Welt“ [14] die von zunehmender Volatilität, Unsicherheit, Komplexität und Mehrdeutigkeit flankiert ist.

Seit Mitte des vergangenen Jahrhunderts haben sich verschiedene Ansätze des Qualitätsmanagements entwickelt. Die von der International Organization for Standardization (ISO) publizierte branchenunabhängige Norm für Qualitätsmanagementsysteme gilt als die gebräuchlichste und angesehenste Norm weltweit. Im Gesundheitswesen hat sich die Norm DIN EN ISO 9000 ff. inzwischen fest etabliert. Die QM-Norm nach ISO 9000 ff. gibt einen formalen Rahmen vor, u. a. mit zertifizierbaren Qualitätsmanagementsystemen nach DIN EN ISO 9001:2015.

Angefangen mit einer reinen Qualitätsprüfung zugelieferter Teile über eine Qualitätslenkung sich wiederholender Prozesse und prozessorientiertes Qualitätsmanagement im Rahmen der ISO 9000er-Familie wurde das Normenwerk im Qualitätsmanagement rund um die Normenfamilie DIN EN ISO 9000 ff. immer beliebter. Etliche Krankenhäuser sind mittlerweile nach dieser Qualitätsnorm erfolgreich zertifiziert.

Die Bezeichnung macht deutlich, dass dieses Normenwerk auf nationaler (DIN), europäischer (EN) und weltweiter (ISO) Ebene gültig ist.

Die wichtigsten Norm-Bestandteile sind:

DIN EN ISO 9000:2015: Grundlagen und Begriffe („Gesamtkonzept“)

DIN EN ISO 9001:2015: Anforderungen an das Qualitätsmanagement

Die Abb. 2.2 stellt Zweck und Struktur der DIN EN ISO 9001:2015 dar. [15]

DIN EN ISO 9004:2018: Anleitung zum Erreichen nachhaltigen Erfolgs („Exzellenz“).

Sie gilt als „ISO-Exzellenz-Modell“ und ist eine Norm der ISO 9000er-Familie, die das gesamte Unternehmen umfasst und die Verantwortung für Qualität nicht bei einzelnen Personen oder einer Abteilung sehen, sondern als Aufgabe jedes einzelnen Mitarbeitenden [16] fordert.

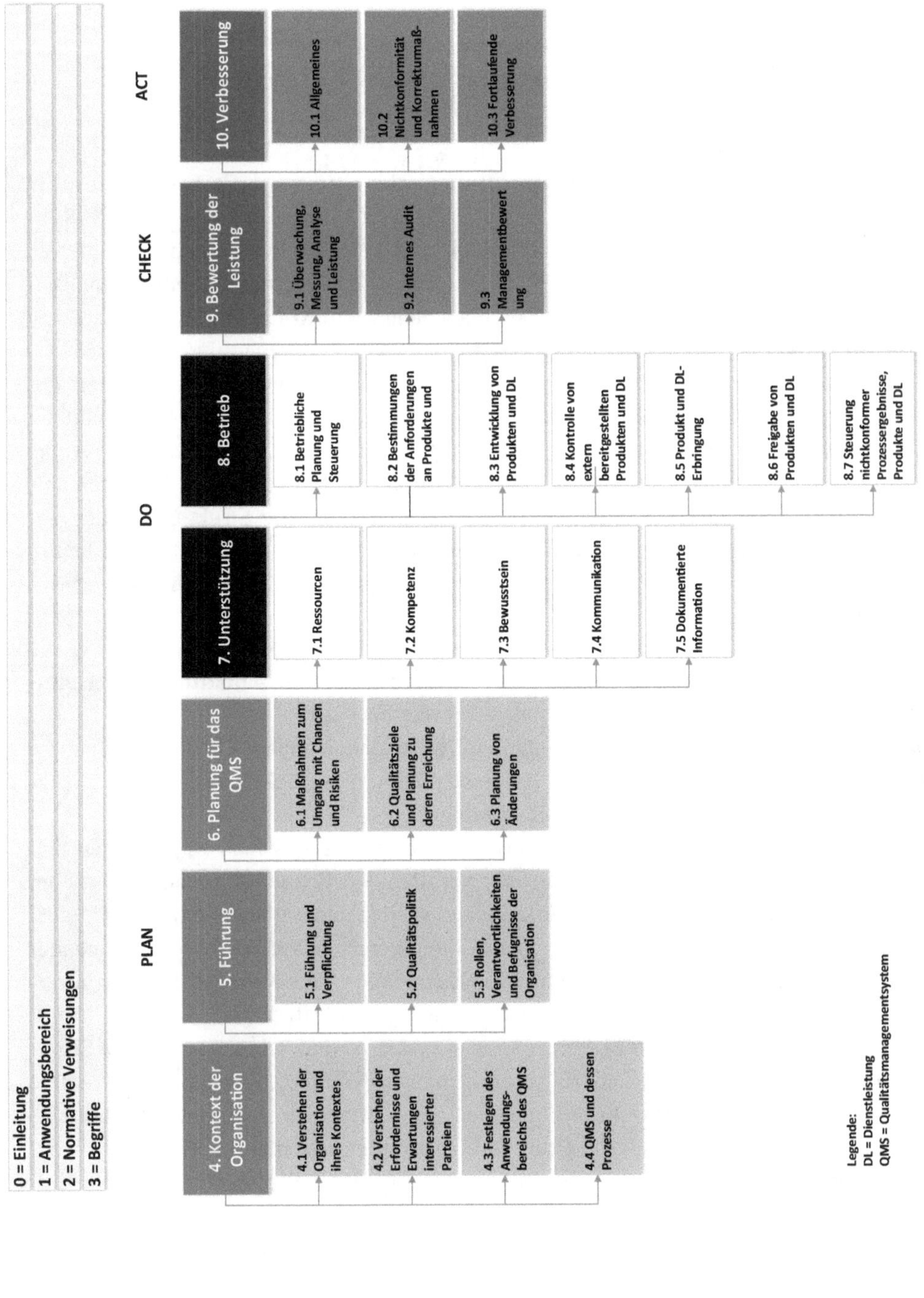

Abb. 2.2 Zweck und Struktur DIN EN ISO 9001:2015. (Quelle: Eigene Darstellung)

In den letzten Jahrzehnten hat im Gesundheitswesen das Thema Qualität und Management vielfältigen Eingang in die Gesetzgebung gefunden und ist so bestimmender Faktor im Krankenhausalltag geworden.

2.2.2 Die Kernthemen der ISO 9000

1. **Kontinuierliche Audits vor Ort und Management Reviews als Katalysator für Veränderungsprozesse**

Qualität ist nicht zufällig! Da der Qualitätswettbewerb immer weiter zunimmt, gibt es einen Trend zur Zertifizierung nach ISO 9001. So stellen regelmäßige interne und externe Audits sicher, dass das Qualitätsmanagement von Mitarbeitern und externen Auditierungspartnern (Zertifizierungsgesellschaften) effektiv durchgeführt wird. [17].

Management Reviews, die von Führungskräften durchgeführt werden, dienen der systematischen und organisierten Überprüfung der Funktionsfähigkeit des Qualitätsmanagements durch regelmäßige Selbstbewertungen. Diese werden immer in die Audis einbezogen [2]. Sowohl die Audits mit ihren Auditberichten als auch die Management-Review-Berichte geben regelmäßig wertvolles Feedback, um die Struktur und die Abläufe des Krankenhauses kontinuierlich zu verbessern. Und es entsteht dadurch häufig der Druck, auch in arbeitsintensiven Zeiten motiviert das Qualitätsmanagement zu priorisieren. [18].

2. **Effiziente Prozesse mit genauen Prozessbeschreibungen, Abläufen und Kennzahlen für eine am Patientenwohl ausgerichtete Medizin**

Prozesse ähneln Nervenbahnen. Die Abläufe im Krankenhaus reichen von der Aufnahme bis zur Entlassung der Patient*innen. Prozesslandkarten ermöglichen durch ihre netzwerkartige Darstellung Orientierung und Akzeptanz.

Es ist entscheidend, die einzelnen Schritte der Behandlung genau zu verstehen und aufeinander abzustimmen. Transparente und verbindliche Regelungen und Kennzahlen sollten verwendet werden, um Rollen und Verantwortlichkeiten genau festzulegen. Es ist entscheidend, die einzelnen Schritte der Behandlung genau zu verstehen und aufeinander abzustimmen. Transparente und verbindliche Regelungen und Kennzahlen sollten verwendet werden, um Rollen und Verantwortlichkeiten genau festzulegen.

Es ist möglich, Lücken, unnötige Dopplungen in den Abläufen oder ungünstige Strukturen besser zu identifizieren und zu beleuchten. Die Mitarbeiter*innen, insbesondere diejenigen, die neu sind, haben die Möglichkeit, sich schnell in bestimmte Abläufe einzuarbeiten und zu integrieren. Alle Prozessebenen tragen auf diesem Weg zum Erfolg bei. Darüber hinaus kann Transparenz Mitarbeiter*innen dabei helfen, potenzielle Entwicklungen zu erkennen, was zu einer effektiveren Arbeit führt. Gleichzeitig zeigt sie allen die täglichen Herausforderungen der anderen Mitarbeiter*innen. [18].

3. **Präventives Risikomanagement zur Erkennung von Risiken und Fehlern**
Im Qualitätsmanagement gemäß DIN EN ISO 9001:2015 ist der risikobasierte Ansatz ein wichtiges Thema. Primär geht es um die Identifizierung von Chancen und Risiken, die Suche nach möglichen Risikoursachen sowie die Ableitung von Konsequenzen im Risikofall, wie z. B. die Einführung des Vier-Augen-Prinzips als Präventionsmaßnahme beim erkannten Risiko einer Patientenverwechslung.

Als präventives Risikomanagement ist das Unwahrscheinliche, das scheinbar Unmögliche im Voraus zu denken, Teil des ärztlichen und pflegerischen Tuns im klinischen Alltag und im Qualitätsmanagement. [18].

2.2.3 Fazit

Eine praktizierte Null-Fehler-Qualität ist das Ziel im Krankenhaus, weil es Gesundheit und Menschenleben rettet und sichert. In Branchen wie der Medizintechnik beispielsweise ist die Sicherstellung einer Null-Fehler-Qualität bei lebenserhaltenden Geräten Standard. Spitzenqualität und Exzellenz lassen sich aber nur erreichen, wenn der Anspruch an eine Null-Fehler-Qualität mit einer innovativen Organisationsentwicklung und einem agilen Qualitätsmanagement nach DIN EN ISO 9000 ff. standardisiert verankert ist [19, 20].

Audits sichern hierbei die potenzielle Wirksamkeit des Qualitätsmanagementsystems und formulieren u. a. Verbesserungen und Korrekturmaßnahmen. Wie sich Audits als Instrumente des Qualitätsmanagements integrieren lassen, stellt die Abb. 2.3 dar.

Zur erfolgreichen Durchführung von Audits im Krankenhaus kann die DIN EN ISO 19011 [21] als international anerkannte Norm zur Auditierung von Managementsystemen, beispielsweise Qualitätsmanagementsystemen gemäß ISO 9001, angewendet werden.

Sie ist universell anwendbar auf alle Organisationen und Unternehmen, die interne und/oder externe Audits von Managementsystemen durchführen bzw. ein Auditprogramm verantworten.

2.3 Auditphilosophie nach DIN EN ISO 19011:2018 – Impulse für moderne Audits

Die DIN EN ISO 19011: 2018 ist eine international anerkannte Norm zur Auditierung von Managementsystemen, beispielsweise Qualitätsmanagementsystemen gemäß ISO 9001 [17].

Kontinuierliche Verbesserungen im Auditmanagement beinhalten die Planung, Durchführung und den Abschluss von Audits. Die ISO 19011 bietet Anleitungen zur Auditierung eines Managementsystems und formuliert **7 Auditprinzipien.** Auditor*innen sollten mit den 7 Auditgrundsätzen vertraut sein und diese auf den Auditprozess

Abb. 2.3 Audits als Instrumente des Qualitätsmanagements. (Quelle: eigene Darstellung)

anwenden können. Diese sind als Orientierung gedacht, um im Audit professionell und objektiv zu auditieren. Vor allem der risikobasierte Ansatz ist zu berücksichtigen und umzusetzen.

Die 7 Auditprinzipien sind:

1. Integrität
2. Sachliche Darstellung
3. Angemessene berufliche Sorgfalt
4. Vertraulichkeit
5. Unabhängigkeit
6. Faktengestützter Ansatz
7. Risikobasierter Ansatz

Integrität bedeutet, dass Auditor*innen professionell – nämlich verantwortungsvoll, unparteiisch, kompetent und selbstkritisch – vorgehen.

Sachlichkeit beruht auf wahrheitsgemäßer, objektiver, genauer und klarer Darstellung.

Sorgfalt zeigt sich, wenn Beurteilungen von Auditsituationen begründet werden.

Vertraulichkeit ist bei der Verwendung und dem Schutz erlangter Informationen selbstverständlich.

Unabhängigkeit der Auditor*in ist gegeben, wenn sie frei von Voreingenommenheit, Interessenkonflikten und, soweit möglich, unabhängig von der auditierten Funktion ist.

Faktengestützt geht die Auditor*in vor, wenn Auditschlussfolgerungen nachvollziehbar, mit systematischem Vorgehen und auf Basis angemessener Stichproben formuliert werden.

Risikobasiert ist ein Auditprogramm bzw. ein Audit, wenn die für das Unternehmen bzw. den Auditauftraggeber relevanten Themen, insbesondere deren Risiken und Chancen, aufgegriffen werden. Es geht dabei um die systematische Berücksichtigung von Risiken und Chancen im gesamten Auditprozess.

Die Norm ist universell auf alle Managementsysteme (ISO 9001, ISO 14001, ISO 27001, ISO 45001, ISO 50001) anwendbar. Hiermit können vor allem Qualitätsaudits und Lieferantenaudits durchgeführt werden. Jedoch ist die Norm auch für externe Auditor*innen z. B. von Zertifizierungsgesellschaften zielführend und einsetzbar, stellt aber keine Voraussetzung zur Durchführung von Zertifizierungen dar.

Inhaltlich geht es also um die Steuerung eines Auditprogramms, Durchführung eines Audits und die Kompetenz und Beurteilung von Auditoren.

Die Abb. 2.4 zeigt die Struktur der DIN EN ISO 19011:2018.

Die Vorgaben in Kap. 7 der DIN EN ISO 19011:2018 „Kompetenzen und Beurteilungen von Auditoren" beziehen sich auf die Arbeit der Auditor*innen. Es geht um den risikobasierten Ansatz in der Audittätigkeit, aber auch darum, dass Prozesse von Anfang bis Ende einschließlich ihrer Schnittstellen auditiert werden.

Wichtig sind auch die Kap. 5 „Steuerung des Auditprogramms" und Kap. 6 „Durchführung eines Audits" der DIN EN ISO 19011:2018.

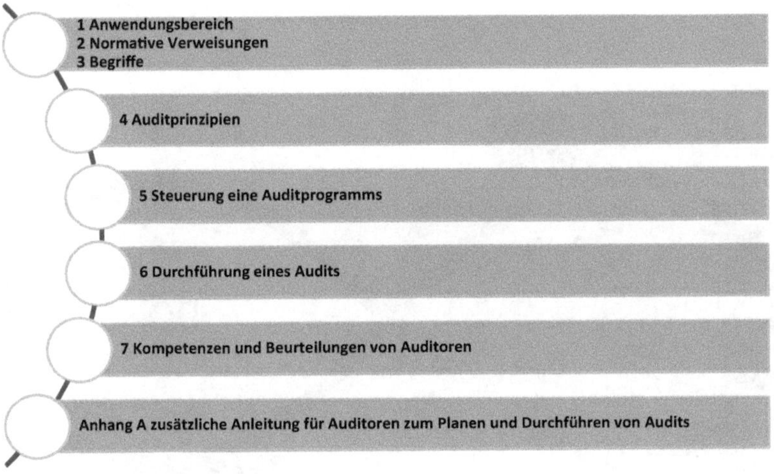

Abb. 2.4 Struktur der DIN EN ISO 19011:2018. (Quelle: Eigene Darstellung)

2.3.1 Umsetzung der DIN EN ISO 19011:2018 -Auditphilosophie

Die Abb. 2.5 zur Steuerung des Auditprogramms und Durchführung eines Audits bildet den kontinuierlichen Verbesserungsprozess (PDCA) mit ab.

Ohne Festlegung eines Auditprogrammes (5.4) ist es schwer, ein Audit erfolgreich durchzuführen. Das Auditprogramm sollte den Kontext der Organisation berücksichtigen, also müssen Auditziele festgelegt (5.2) und die Risiken und Chancen beurteilt werden (5.3). Risiken könnten z. B. ineffektive Audits mit unerfahrenen Auditor*innen aufgrund von Ressourcenknappheit (Personalmangel, Ausfall, Raum-Not) sein oder auch fehlende Auditziele. Dafür benötigen Personen, die das Auditprogramm steuern, die entsprechenden Befugnisse. Chancen könnten Synergiepotenziale sein z. B. Zusammenlegung des Auditparts „Führung" bei Zertifizierung von Zentren.

Es gilt auch beim Audit der kontinuierliche Verbesserungsprozess (PDCA). Nach Deming bedeutet PDCA übertragen, das Auditprogramm *(Plan)* festzulegen, um dann in die Umsetzung *(Do)* gehen zu können, also das Audit (6.2–6.6) durchzuführen. In der Durchführung des Audits gilt es, vor allem darauf zu achten, dass die Zusammensetzung und Kompetenz des Auditteams stimmen, der Umfang der Auditstichproben festgelegt ist und dass das Audit so effizient wie nur möglich durchgeführt wird, z. B. ohne unnötige Wartezeiten auf Teilnehmende und Auditor*innen. Es schließt sich eine Evaluationsphase *(Check)* an (5.5–5.7) und eine Reflexion möglicher Verbesserungspotenziale auch im Hinblick auf die Neuausrichtung der Auditziele (5.2) mit Beurteilung der Chancen und Risiken (5.3). Diese Ergebnisse werden idealerweise dann wieder umgesetzt *(Act)* und fließen in die Festlegung des „neuen" Auditprogrammes ein.

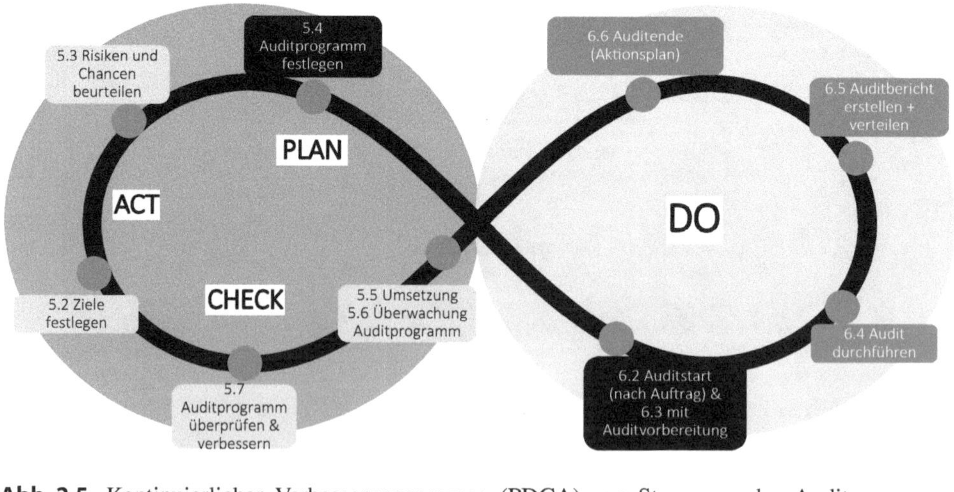

Abb. 2.5 Kontinuierlicher Verbesserungsprozess (PDCA) zur Steuerung des Auditprogramms und Durchführung eines Audits nach DIN EN ISO 19011:2018. (Quelle: Eigene Darstellung)

2.3.2 Die Kernthemen der DIN EN ISO 19011:2018

Der risikobasierte Ansatz als wichtiges Auditprinzip einer risikoorientierter Auditplanung. [22]

Risiken und Chancen bei der Durchführung von Audits haben Einfluss auf die Planung, Durchführung sowie den Abschluss von Audits. Ausgehend z. B. von einer Auditrisikoanalyse vorab können Auditprogramm und -ankündigung die relevanten Themen, z. B. den Mangel an qualifizierten Auditor*innen, frühzeitig in den Blick rücken. Es ist wichtig, die auditinternen Risiken zu kennen und diese zu steuern. Wesentlich dabei ist es, die Risiken, die für eine nachhaltige und erfolgreiche Auditierung von Bedeutung sind, zu kennen.

Im Folgenden ist eine Auswahl an Auditrisiken aufgelistet:

- Wirkungslose oder nicht wirtschaftliche Umsetzung von Sicherheitsmaßnahmen
- Unzureichende Umsetzung der Datensicherheit
- Unzureichende Qualifikation der Auditor*in
- Absichtliches Verschweigen von Abweichungen
- Fehlende langfristige Planung
- Fehlende Planung und Abstimmung bei der Durchführung eines Audits

Die Durchführung von Auditrisikoanalysen könnte beispielsweise eine elementare und kontinuierliche Aufgabe des Managements und wesentlich für das Auditmanagement sein. Eine Auditrisikomatrix (auch Risikoportfolio genannt) stellt Risiken in Abhängigkeit von Eintrittswahrscheinlichkeit und Auswirkung (Schadenshöhe) dar und ist das Ergebnis von Risikoanalyse und Risikobewertung. [21]

Analog sind bei der Chancensteuerung Maßnahmen anzustreben, die die erkannten Chancenpotenziale nutzen und möglichst maximieren können.

Die operativen Anleitungen zur Auditdurchführung im Anhang A der ISO 19011:2018 stärken Auditor*innen

Im Anhang der ISO 19011 wurden viele Hinweise eingearbeitet, die Auditor*innen eine zusätzliche wertvolle operative Anleitung zur Auditdurchführung geben, u. a.:

- **Prozessansatz des Auditierens:** Auditor*innen sollen Prozesse „vom Start bis zum Endereignis“ innerhalb einer Organisation auditieren und nicht nur Funktionen oder Bereiche.
- **Fachliches Urteil:** Auditor*innen sollen sich für ihre Bewertung auf den Kontext fokussieren und nicht nur einzelne Norminhalte betrachten.
- **Leistungsbezogene Ergebnisse:** Es zählt nur das Ergebnis – und darauf sollten sich Auditor*innen konzentrieren.
- **Auditieren von Compliance** eines Managementsystems.

- **Auditkontext:** Auditor*Innen müssen sich auf „valide" Auditnachweise stützen, die eine Beurteilung ermöglichen, inwieweit das Managementsystem den Kontext abbildet.
- **Auditieren von Führung und Verpflichtung:** Vorgesetzte zu auditieren ist herausfordernd. Auditoren benötigen dafür eine hohe soziale Kompetenz und Akzeptanz.
- **Auditieren von Risiken und Chancen:** Während des gesamten Audits des Managementsystems sind Risiko – und Chancenpotenziale immer ein Thema.
- **Audit der Lieferkette:** Das externe Liefermanagement wird immer wichtiger, so auch – bei Bedarf – die Durchführung von Lieferantenaudits.
- **Auditierung virtueller Tätigkeiten und Standorte:** Da Organisationen zunehmend Techniken und Medien im Online-Format nutzen, werden der Datenschutz und die Datensicherheit immer wichtiger.

2.3.3 Fazit

Zusammenfassend bietet der Leitfaden der DIN EN ISO 19011:2018 eine gute Grundlage für die Planung und Durchführung eines erfolgreichen Audits. Auditfeststellungen beziehen sich nicht nur auf Konformität, sondern auch auf das Verbesserungspotenzial und bewährte Praktiken.

Basierend auf den 7 Auditprinzipien kann das Auditprogramm gesteuert und das Audit wirksam und zuverlässig durchgeführt werden – auch gerade wegen der risikobasierten Vorgehensweise.

Informationen zur Ermittlung und Beurteilung der Kompetenz von Auditor*innen sichern die erforderliche Auditkompetenz.

Literatur

1. Szczepankiewicz, E. I. (2010). Internal audit as a management improvement tool in the healthcare sector units. *Polish Annals of Medicine, 17*(1), 136–148. https://doi.org/10.1016/S1230-8013(10)70015-1.
2. Hut-Mossel L., Ahaus K., Welker G., & Gans R. (2021). Understanding how and why audits work in improving the quality of hospital care: A systematic realist review. *PLoS ONE, 16*(3). https://doi.org/10.1371/journal.pone.0248677.
3. Dict.cc. (2024). Latein-Deutsch-Wörterbuch: Audire. Https://browse.dict.cc/latein-deutsch/audire.html. Zugegriffen: 11. Jan. 2024.
4. Charité – Universitätsmedizin Berlin. (o. J.). Klinisches Qualitäts- und Risikomanagement: Interne Audits an der Charité: Interne Audits. Https://qualitaetsmanagement.charite.de/leistungen/zertifizierungen_akkreditierungen_audits/interne_audits/. Zugegriffen: 6. Juli 2023.
5. Vallabhaneni, S. R. (2014). *Wiley CIAexcel Exam Review 2014: Part 1.* Internal Audit Basics. John Wiley & Sons Inc.
6. DIN EN ISO 9000:2015–11, Qualitätsmanagementsysteme – Grundlagen und Begriffe (ISO 9000:2015). Https://www.beuth.de/de/norm/din-en-iso-9000/235671064.

7. Donabedian, A. (1980). *The Definition of Quality and Approaches to Its Assessment, Explorations in Quality Assessment and Monitoring. Bd. 1.* Health Administration Press (HAP).
8. Institut für Qualitätssicherung und Transparenz im Gesundheitswesen (Hrsg.). (2022). Methodische Grundlagen. Version 2.0. S. 177 ff. Https://iqtig.org/downloads/berichte-2/meg/IQTIG_Methodische-Grundlagen_Version-2.0_2022-04-27_barrierefrei.pdf. Zugegriffen: 16. März 2023.
9. Sens, B., Pietsch, B., Fischer, B., Hart, D., Kahla-Witsch, H. A., von Friedrichs, V., Nothacker, M., Schneider, K., Paschen, U.,Rath, S., Rode, S., & Schrappe, M. (2018). *Begriffe und Konzepte des Qualitätsmanagements*, (4. Aufl.). GMS Med Inform Biom Epidemie. 14(1).
10. Deutsches Institut, D. I. N., & für Normierung e. V. (2015). *DIN EN ISO 9001:2015–11 Qualitätsmanagementsysteme – Anforderungen (ISO 9001:2015); Deutsche und Englische Fassung EN ISO 9001:2015.* Beuth Verlag.
11. Kuschel, G. (2016). *Wie ISO-Norm und Lean-Philosophie miteinander harmonieren – Norm und Lean-Fertigung zusammenbringen.* SCHALTSCHRANKBAU 6/2016, (S. 81–83). TeDo Verlag.
12. Ufermann, T., & Damm asch, C. (2002). *Prozessmanagement. Anleitung zur Steigerung der Wertschöpfung*, (2. Aufl.). Hanser.
13. Little, A. (1992). *Management von Spitzenqualität.* Wiesbaden: Gabler.
14. Heutmann, T., Schmitt, R. (2018). Im Dreischritt zu Qualität 4.0. Wege zum vorausschauenden Qualitätsmanagement. *QZ-online, 8*(2018), 36–39.
15. Kuntsche, P., & Börchers, K. (2017). *Qualitäts- und Risikomanagement im Gesundheitswesen, Basis- und integrierte Systeme, Managementsystemübersichten und praktische Umsetzung.* Springer Gabler.
16. Friedli T., Seghezzi H. D., & Mändler C. et al. (2014). *Konzepte – Modelle – Systeme. In: Pfeifer T/Schmitt R. (Hrsg.). Masing Handbuch Qualitätsmanagement*, (6. Aufl., S.160–178). Hanser.
17. Gietl, G., & Lobinger, W. (2022). *Leitfaden Qualitätsaudit. Planung und Durchführung von Audits nach ISO 9001: 2015.* (7. Aufl.). Hanser Verlag.
18. Börchers, K. (2021). *Qualität, Effizienz und Patientenwohl im Krankenhaus.* Springer Gabler. https://doi.org/10.1007/978-3-658-31599-3_1.
19. Ahlrichs, F. (2018). Oberste Riege und vorderste Front. *QZ-online Heft, 11*(2018), 12–15.
20. Hertel, G. H. (2015). Qualität – eine nicht endende Herausforderung. Ein Beitrag zu einem tieferen Verständnis der Qualität, ihrer Definition und ihrer Zukunft. *QZ-online, 5*(2015), 1–12.
21. DIN EN ISO 19011:2018–10 | Leitfaden zur Auditierung von Managementsystemen. Die Norm ist bei Beuth erhältlich.
22. DIN EN ISO 19011:2018–10, Leitfaden zur Auditierung von Managementsystemen (ISO 19011:2018). Https://www.beuth.de/de/norm/din-en-iso-19011/287794262.

3 Auditarten im Überblick

Das Audit [1, 2] ist nach DIN EN ISO 9000 ein „Systematischer, unabhängiger und dokumentierter Prozess zur **Erlangung von Auditnachweisen** und zu deren objektiver Auswertung, um zu ermitteln, inwieweit **Auditkriterien** erfüllt sind".

Es gibt viele Gründe, ein Audit durchzuführen:

1. Ist das Qualitätsmanagementsystem effektiv? Das Audit hilft, herauszufinden, ob gestellte Forderungen erfüllt werden.
2. Werden Standards und Gesetze eingehalten? Audits können deren Nichtbeachtung z. B. durch Stichproben vor Ort ermitteln.
3. Sind Verbesserungen möglich? Hier kann das Audit wertvolle Verbesserungspotenziale und Hinweise geben.

3.1 Einleitung

Zur Steuerung des Auditprogramms nach DIN EN ISO 19011:2018 steht zu Beginn die **Festlegung der Ziele** des Audits. Dazu gehört zum einen, eine möglichst hohe **Motivation der Mitarbeiter*innen** zu erreichen, sich am Audit konstruktiv zu beteiligen.

Neben dem risikobasierten Ansatz ist **der zentrale Prozessansatz** das Ziel im Audit.

Es geht nicht darum, Bereiche oder Abteilungen zu auditieren, sondern die Prozesse innerhalb des Krankenhauses zu auditieren. Das Auditprozessmanagement beschäftigt sich nach dem Motto „Wer macht was, wann, wie, wo und womit?" mit der Erfassung, der Abbildung, der Verbesserung und der Implementierung von Abläufen. So wird erreicht, dass Abläufe transparent und leicht nachzuvollziehen sind, z. B. bzgl. Schnittstellen und Netzwerken.

K. Börchers, *Agile Audits im Krankenhaus,* https://doi.org/10.1007/978-3-658-44339-9_3

Bei Auditierung des Prozessmanagements eines Krankenhauses ist zum einen die Ausrichtung auf (horizontal) verlaufende Prozesse zu beachten. Es gilt aber auch, (vertikale) Schnittstellen und Abteilungsgrenzen zu überwinden. Ein zentrales Element ist im Prozessmanagement das Management von End-zu-End-Prozessen. Hier geht es um die ganzheitliche Betrachtung i. S. des Startereignisses (z. B. Notfallaufnahme der Patient*in) bis zum Endereignis (z. B. Entlassung genesener Patient*innen). Dieser Prozessfluss ist ganzheitlich in den Blick zu nehmen; insbesondere auch mit Erfassung und Beurteilung entsprechender Risiken und Chancen. Gerne wird dieses auch in der praktischen Umsetzung als „Gang der Patient*in" bezeichnet.

Das Ziel am Auditende ist es dann, über Weiterentwicklungsansätze zu informieren und – falls erforderlich – Korrekturmaßnahmen einzuleiten.

Mit Sicherheit gehört die ausreichende Qualifikation der Auditor*innen zu den Voraussetzungen für den erfolgreichen Abschluss eines Audits. Sie sind für eine zielführende und professionelle Auditdurchführung verantwortlich und dafür, dass die Mitarbeitenden über die Auditergebnisse informiert werden. Der im Nachgang des Audits von den Auditoren anzufertigende Auditbericht schließt das Audit ab.

Erfolgreiche Audits gewährleisten deren Durchführung direkt am Ort des Geschehens unter Einbeziehung der am jeweiligen Prozess beteiligten Mitarbeiter*innen aller Berufsgruppen und Disziplinen. Es geht um das Nachvollziehen der Vorgänge vom Allgemeinen zum Detail. Dabei spielt auch die Vorlagenaktualität eine wichtige Rolle sowie das Einsehen von Dokumenten und Aufzeichnungen und das Sammeln von Auditnachweisen. Diese sind nach DIN EN ISO 19011 klar definiert. [3] So umfassen Auditnachweise „Aufzeichnungen, Tatsachenfeststellungen oder andere Informationen, die relevant und verifizierbar sind".

3.2 Interne und externe Audits

Audits können sowohl von einer internen als auch von einer externen Position aus durchgeführt werden. Die Abb. 3.1 visualisiert die Abgrenzungen.

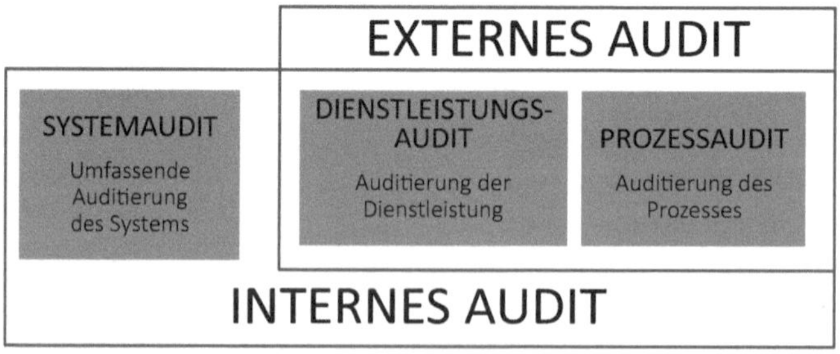

Abb. 3.1 Abgrenzung Interne und externe Audits. (Quelle: Eigene Darstellung)

Eine weitere Differenzierung besteht bei internen Audits, die als Dienstleistungs-, Prozess- oder Systemaudits durchgeführt werden können. Diese werden auch als „First-Party-Audits" bezeichnet und mindestens einmal pro Jahr durchgeführt.

Merkmale interner Audits sind das Erkennen von Schwachstellen und Qualitätsabweichungen, um Maßnahmen der Verbesserung einleiten zu können. Auch geht es um die Bestätigung, ob die Qualitätspolitik (Leitbild) verstanden und umgesetzt wird. Die Einbindung der Mitarbeiter*innen als Auditteilnehmer in das Interne Audit kann zu einem höheren Engagement und größerer Transparenz führen.

Letztendlich sollte mit dem internen Audit das Qualitätsniveau erhalten und im Idealfall immer weiter gesteigert werden, weil es jedes Mal neue Verbesserungspotenziale liefert.

Externe Audits werden als System- oder Prozessaudits durchgeführt. Wenn das Krankenhaus die Qualitätsfähigkeit seiner Lieferanten im Rahmen einer Lieferantenbewertung überprüft, spricht man von einem „Second-Party-Audit".

Merkmale von Lieferantenbewertungen beziehen sich auf die Auditierung der gesamten Wertschöpfungskette. Es werden vertragliche Vereinbarungen kontrolliert und es geht um das Vermeiden von fehlerhaftem Informationsaustausch zwischen Krankenhaus und Lieferant. Die Basis stellt ein Fragenkatalog, welcher der Einstufung durch Punkt- oder Prozentzahlen dient. Es geht abschließend auch hier um die Darlegung von unternehmensübergreifenden Verbesserungspotenzialen.

Das externe Zertifizierungsaudit mit einer jährlichen Überprüfung durch ein unabhängiges Institut wird dann als „Third-Party-Audit" bezeichnet.

Merkmale externer Audits bestehen zunächst in einer Prüfung durch eine Zertifizierungsgesellschaft. Es geht um einen Normabgleich und ob das Qualitätsmanagement der Norm DIN EN ISO 9001:2015 entspricht. Ist dies der Fall, wird ein Zertifikat ausgestellt, welches die Qualitätsfähigkeit des Krankenhauses bestätigt. Außerdem wird ein schriftlicher Auditbericht verfasst, welcher die Stärken, Verbesserungspotenziale und Handlungsempfehlungen darlegt. Der Auditbericht ist dann Ausgangspunkt für Maßnahmen der Verbesserung, deren Erfolg im internen Audit des Folgejahres überprüft werden kann.

Der Zertifizierungsablauf wird in Abb. 3.2 dargestellt.

3.3 Durchführung von Remote-Audits

Mit der revidierten ISO 19011:2018 ist die Digitalisierung auch in den Audits angekommen. Zertifizierungsstellen ebenso wie Unternehmen können damit neue Gestaltungsmöglichkeiten bei Audittechniken nutzen.

Ein Remote-Audit ist weder eine eigenständige Auditart noch eine Variante eines Audits, es stellt vielmehr eine spezifische Durchführungsweise eines Audits dar. Von der Auditplanung über die Auditdurchführung bis hin zur Berichterstattung und Nachbereitung ist der Ablauf eines Remote-Audits im Grunde genommen identisch zu

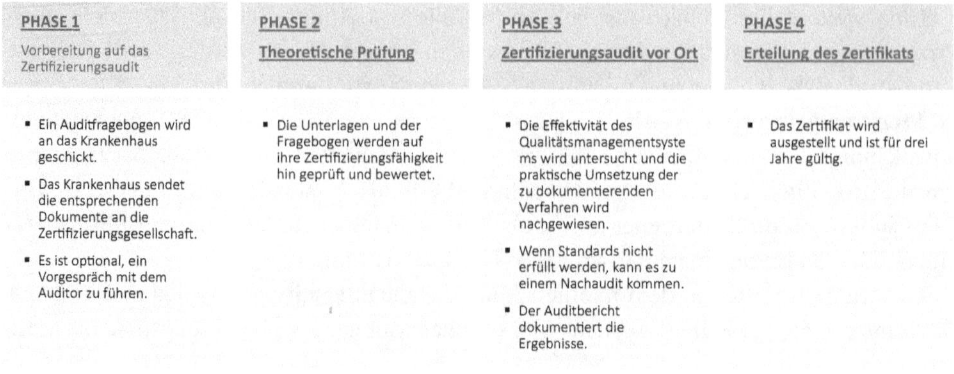

Abb. 3.2 Zertifizierungsablauf. (Quelle: Eigene Darstellung)

klassischen Audits. Bei einem Remote-Audit muss die Auditor*in nicht physisch in der zu auditierenden Einrichtung anwesend sein, stattdessen werden digitale Technologien zur Auditdurchführung angewendet.

Der Einsatz von Remote-Audits muss immer sorgfältig geplant werden, denn nicht alles kann online abgebildet und auditiert werden. So kann der persönliche Kontakt mit den Auditteilnehmern verloren gehen und Mitarbeiter*innen könnten Vorbehalte gegen Bild-, Ton- und Datenübertragungen haben. Dies fordert möglicherweise zusätzliche Datenschutz- und Sicherheitsaufwände. Relevante Auditdokumente als Nachweisdokumente können beispielsweise nicht immer angemessen eingesehen werden wie z. B. vertrauliche Protokolle auf Führungsebene oder Angelegenheiten des Personalmanagements.

Besonderheiten im Remote-Audit sind, dass zusätzliche Zeit eingeplant werden sollte, die Vertrautheit der Beteiligten mit den spezifischen Anforderungen eines Remote-Audits sichergestellt sein muss und technische Gegebenheiten vorab abgeklärt sein sollten, um mögliche Verbindungsausfälle in Abhängigkeit von der Netzinfrastruktur zu vermeiden.

Die Abb. 3.3 stellt Gründe dar, die ein Remote-Audit ausschließen.

Remote-Audits sind Bestandteil der Digitalisierung und werden in naher Zukunft einen festen Platz in der Planung und Durchführung von Audits einnehmen. Wir befinden uns mitten in der digitalen Transformation und einem Prozess des kontinuierlichen Wandels. Grundlage dafür sind digitale Technologien, die in immer schnellerem Tempo entwickelt werden. Dies hat einen tiefgreifenden Einfluss auf das Qualitätsmanagement und alle anderen Managementsysteme im Unternehmen.

Der Leitfaden ISO 19011:2018 hat auch die Digitalisierung im Blick. Dies betrifft zum einen das Audit selbst, in dem immer häufiger ein Tablet oder Notebook zum Einsatz kommt. Diese Geräte müssen jedoch gut darauf hin geprüft werden, ob sie für den Auditablauf effizient sind, beispielsweise was Schrift- und Spracherkennung, Fotos oder Videos (dies mit Einwilligung) anbelangt.

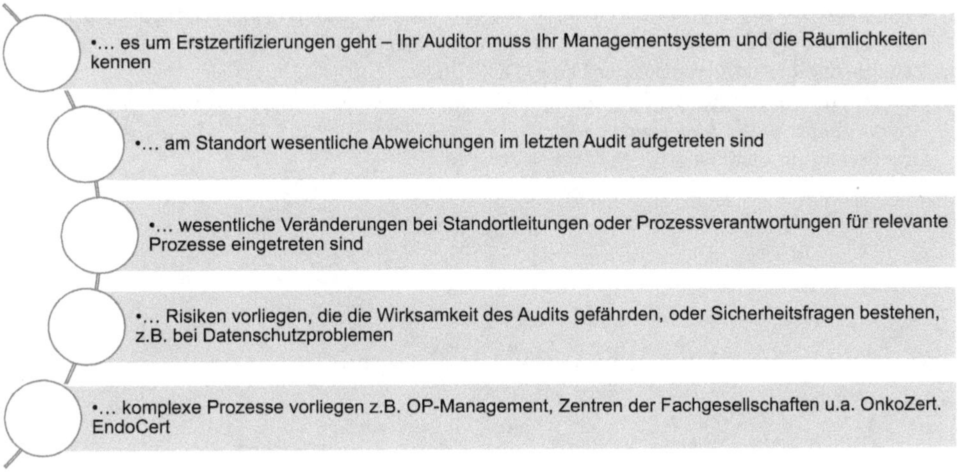

Abb. 3.3 Gründe, die ein Remote-Audit ausschließen. (Quelle: Eigene Darstellung)

Remote-Audits: Die Quellen in EN ISO 19011:2018 / Quelle [4, 5]**:**
5.4.3 Festlegen des Ausmaßes des Auditprogramms
5.3.3 Bestimmen von Auditprogrammressourcen
A.1 Anwenden von Auditmethoden
A.15 (c) Begehung des Standortes der auditierten Organisation
A.16 Auditierung virtueller Tätigkeiten und Standorte

Remote-Audits sollten durch Teams erfolgen. Die Auditor*in sollte sich dabei auf die Auditinhalte konzentrieren. Parallel dazu kann eine Co-Auditor*in oder eine Technikassistenz die Software bedienen. [6]

Gut geeignet sind Remote-Audits für Routine- sowie Nachaudits. Sie sind effizient und ressourcenschonend, also gute Argumente für Nachhaltigkeit und Umweltschutz. Kritische Situationen können im Remote-Verfahren möglicherweise fokussierter beurteilt werden. Falls Fachexperten nötig sind, können diese remote auch ohne Anreise und kurzfristig hinzugezogen werden.

Literatur

1. Pitt, S.-A. (2014). *Internal Audit Quality*. John Wiley & Songs Inc. https://doi.org/10.1002/9781118777213.
2. Szczepankiewicz, E. (2010). Internal audit as a management improvement tool in the healthcare sector units. *Polish Annals of Medicine, 17*(1). 136–148.
3. DIN EN ISO 19011:2018–10, Leitfaden zur Auditierung von Managementsystemen (ISO 19011:2018). Https://www.beuth.de/de/norm/din-en-iso-19011/287794262.

4. Gietl, G., & Lobinger, W. (2022). *Leitfaden Qualitätsaudit. Planung und Durchführung von Audits nach ISO 9001: 2015.* (7. Aufl.). Carl Hanser Verlag.
5. Remote-Audit | Auditieren aus der Ferne, DQS, 2020.
6. Taubert, M., Zabunoglu, M.-F., & Zürn, S. (2020). *Nutzung und Akzeptanz von Videotechnik bei Remote-Audits in der Lieferantenentwicklung am Beispiel der Carl Zeiss Meditec AG.* Deutsche Gesellschaft für Qualität.

Teil II
Gestaltung des Audits im Wandel

4 Audits im agilen Umfeld

Audits im agilen Umfeld sind ein wichtiger Bestandteil der agilen Methodik. Die agile Vorgehensweise zielt darauf ab, eine frühe und kontinuierliche Wertschöpfung und -lieferung für die Einrichtungen sicherzustellen. In Zeiten des Wandels sorgt auch die zunehmende Digitalisierung im Krankenhaus für Beschleunigung und Prozesseffizienz und hat damit Einfluss auf die Auditdurchführung.

4.1 Einleitung

In Zeiten des Wandels sorgt auch die zunehmende Digitalisierung im Krankenhaus für Beschleunigung und Prozesseffizienz und hat damit Einfluss auf die Auditdurchführung.

Es geht um eine grundlegende interne Reorganisation der Informations-, Arbeits- und Entscheidungsprozesse. Diese ermöglicht neue Formen der Versorgung, wie beispielsweise die Telemedizin über Smartphones, digitale Visite, das Monitoring von Patient*innen zu Hause, die individuelle Herstellung von Hüftimplantaten durch 3D-Drucker und die Gensequenzierung zur Früherkennung schwerwiegender Erkrankungen.

So hat die Digitalisierung das Potenzial, die Prozesseffizienz zu steigern, die medizinische Qualität zu verbessern, die Sicherheit der Patient*innen zu erhöhen und letztendlich einen nachhaltigen wirtschaftlichen Erfolg zu erzielen. Die Ziele der Digitalisierung sind schwierig genau festzuhalten, da sie die Patientenergebnisse, Sicherheit und medizinische Qualität verbessern und gleichzeitig die Kosten senken, indem Bürokratie und Prozessoptimierung reduziert werden. Es wird auch erwartet, dass ein erheblicher Beitrag zur Lösung des Fachkräftemangels geleistet wird. Die Digitalisierung des Gesundheitswesens erfordert eine grundlegende Reorganisation der Informations-, Arbeits- und Entscheidungsprozesse [vgl. auch 1].

K. Börchers, *Agile Audits im Krankenhaus,* https://doi.org/10.1007/978-3-658-44339-9_4

Die Corona-Krise hat deutlich gemacht, wie unvollständig die Digitalisierung im Gesundheitssystem war und wie effektiv und sicher digitalisierte Medizinprozesse eine Pandemieversorgung sicherer machen könnten.

Aber nicht nur das Umfeld wandelt sich, auch Mitarbeiter*innen, externe Dienstleister*innen und Akteure verändern das interne Auditmanagement. Unklar ist nur, zu welchem Zeitpunkt und in welchem Umfang dies geschehen wird. Die daraus resultierenden Herausforderungen sind für die Krankenhäuser und Auditor*innen zurzeit ebenso mannigfaltig wie diffus. Die Schwierigkeit (und auch Lösung) besteht darin, die Anstrengungen der verschiedenen Akteure zu koordinieren mit dem Ziel, auch in Zukunft mit hoher Qualität und Relevanz zu auditieren.

Wir befinden uns in Zeiten grundlegender Transformation.

Bedingt durch den technologischen Wandel, der Digitalisierung und einer zunehmenden Dynamik auf der Suche nach innovativen Lösungen im Krankenhaus hat sich auch das Audit in den letzten zwei Jahrzehnten in vielerlei Hinsicht weiterentwickelt und verändert [2]. So sind auch Audits mittlerweile in der sogenannten. VUKA-Welt angekommen [3]:

„VUCA“ wird abgekürzt mit den Wörtern *volatility, uncertainty, complexity* und *ambiguity* beschrieben. Die Folgen sind auf der einen Seite Veränderungs- und Innovationsdruck und auf der anderen Seite Unsicherheit. Es fehlen bei fortschreitender Transformation stabile Strukturen und Kontrollmechanismen [4].

Gleichzeitig steigen die Ansprüche von interessierten Parteien wie Patient*innen, Angehörigen, aber auch externen Stakeholder*innen wie Kostenträgern oder Gesundheitsverbänden und Patient*innenvertretungen an die Krankenhäuser. Zusätzlich wollen interessierte Parteien auf transparente sowie verlässliche Art und Weise wissen, wo die Hauptrisiken einer Organisation liegen und wie diese gesteuert werden. Dies bezieht sich im Krankenhaus z. B. neben der falschen Gabe von Medikamenten, der Verwechslung von Patient*innen, mangelnder Hygiene und schlecht ausgebildetem oder überlasteten Personal vor allem auf Organisationsfehler: Nachlässigkeiten bei der Weitergabe von Information bei Aufnahme, Entlassung und Wechsel in andere Abteilungen.

Auf die Audits bezogen könnte das z. B. auf die Notwendigkeit verweisen, risikobehaftete Bereiche nicht mehr im Jahrestakt zu auditieren, sondern z. B. Monatlich [5]. Innovative und flexible Lösungen sind daher auch im Auditmanagement gefragt [6].

Im agilen Kontext ist der Begriff „Agiles Umfeld“ ein Konstrukt, um eine Arbeitsumgebung zu beschreiben, die sich durch Flexibilität, Reaktionsfähigkeit und die Fähigkeit auszeichnet, sich schnell an Veränderungen anzupassen. In den letzten Jahren ist ein Trend zur Anwendung dieser agilen Methoden auch außerhalb der Softwareentwicklung [7] zu beobachten. Studien beschreiben und belegen schon seit längerer Zeit, dass der Einsatz agiler Methoden signifikante Auswirkungen auf den Projekterfolg hat. Audits werden daher zunehmend im agilen Umfeld stattfinden.

Eine Auditor*in sollte über agile Methodenkenntnis verfügen und auch deren Hintergründe kennen. Es muss jeder Auditor*in klar sein, wie dynamisch agile Methoden wie Scrum und Design Thinking sind und welche Veränderungs- und Innovationskraft diese im Krankenhaus und bei den Mitarbeiter*innen entwickeln können. An einem Scrum-Board zu auditieren, ist keine Zukunftsmusik mehr, sondern in einzelnen Krankenhäusern schon jetzt gelebte Auditrealität. In Konsequenz haben diese Entwicklungen neben der Einstellung der Auditor*in auf das agile Umfeld auch die Reflexion der jährlichen Auditplanung hin zu kürzeren Auditzyklen und die Etablierung neuer Fort- und Weiterbildungsformate mit agilen Inhalten zur Folge.

4.2 Werte und Kultur im Agilen Audit

Auch zukünftig gilt es, als Auditor*in die Unabhängigkeit zu bewahren und den Auditauftrag nach Norm und Standard zu erfüllen. Ergänzend kommt aber das Wissen der Auditor*in mit fundierten Kenntnissen zum Agilen Manifest und Mindset für agile Teams mit den dazu gehörenden agilen Werten und Prinzipien hinzu.

Abgeleitet aus den vier grundlegenden Werten des Agilen Manifestes können die Auswirkungen für die Durchführung zukünftiger Audits folgendermaßen beschrieben werden:

1. **Die Zusammenarbeit und der interaktive Austausch mit Menschen im Audit sind wichtiger als das Einhalten von langsamen und unflexiblen Auditprozessen** (1. Wert Agiles Manifest: Individuen und Interaktionen vor Prozessen und Werkzeugen.)
2. **Die frühe Lieferung von Auditfeststellungen ist wichtiger als eine aufwendige Dokumentation** (2. Wert Agiles Manifest: Funktionierende Software über umfassende Dokumentation).
3. **Das kollaborative Auditieren bewirkt durch seinen interaktiven Austauschprozess innerhalb des Audits mit einem gemeinsamen Auditziel und Vermeidung von langen Abstimmungsschleifen und schwierigen Schlussbesprechungen mehr als das konsequente „Abarbeiten“ von vorab vertraglich vereinbarten Auditeinheiten.** (3. Wert Agiles Manifest: Zusammenarbeit mit dem Kunden statt Vertragsverhandlungen.)
4. **Das flexible Anpassen des Vorgehens bei neuen Informationen im Audit ist wichtiger als die konsequente Befolgung eines bereits hinfälligen und veralteten Auditplanes** (4.Wert Agiles Manifest: Reagieren auf Veränderungen statt Befolgen eines Plans).[1]

[1] Die vier grundlegenden Werte des Agilen Manifestes habe ich aus dem Englischen mit DeepL übersetzt, vgl. auch Abschn. 5.3. Im Deutschen gibt es hierzu bislang kein einheitliches und gängiges Wording.

Welche Auswirkungen die „gelebten" Werte des Agilen Manifestes auf die Organisationskultur haben, lässt sich anhand der „Culture Survey of Agile" von Spayd darstellen. Die Studie beruht auf den Antworten von 120 agilen Praktikern [8] und belegt, dass die **Zusammenarbeitskultur** eine große Rolle in agilen Organisationen spielt. Die Gemeinschaft und das Team stehen im Fokus. Menschen arbeiten miteinander, um ein gemeinsames Ziel durch Nutzung von Synergieeffekten schneller und besser zu erreichen. Kennzeichen dieser „Zusammenarbeitskultur" sind flache Hierarchien zwischen dem Management und den Teams mit gegenseitigen Vertrauen, Selbstorganisation und Eigeninitiative. Des Weiteren zeichnen sich agil arbeitende Organisationen durch eine **Vervollkommnungskultur** aus. Dies beinhaltet die gemeinsame Orientierung an Werten, wenigen Regeln und an einem ethisch korrekten Verhalten. Es wird persönlich, kollegial, offen und direkt kommuniziert und Optimierungspotenziale werden als Chance zur kontinuierlichen Verbesserung gesehen. So entsteht Innovationskraft, denn es wird auch experimentiert, um Neues zu gestalten. Die immer noch existente tradierte Anweisungs- und Kompetenzkultur spielt dieser Studie folgend keine Rolle mehr.

Weitere Studien belegen, dass sich agile Organisationen deutlich von traditionellen Organisationen unterscheiden [9]. Agile Organisationen verwenden weniger starre Strukturen, die schnell an Veränderungen angepasst werden können, im Gegensatz zu traditionellen Organisationen, die häufig auf prozess- oder projektorientierte Organisationsformen ausgerichtet sind. Traditionelle Organisationen unterscheiden häufig die Regulierung (Management) von der Ausführung (Mitarbeiter). Im Gegensatz dazu beruhen agile Organisationen auf der Fähigkeit der Mitarbeiter, selbstständig zu denken, sich zu organisieren und Entscheidungen zu treffen. Die weit verbreitete Arbeitsteilung in traditionellen Organisationen führt dazu, dass die Arbeit schnell langweilig wird. Agile Organisationen hingegen schaffen „T-förmige" Experten zusätzlich zu Fachwissen in anderen Bereichen. Das T-Shaped-Profil beschreibt die Kompetenzverteilung bei Arbeitnehmern, die sowohl aus tiefem Fachwissen (senkrechte Linie) als auch aus breiten Kenntnissen aus angrenzenden oder übergeordneten Bereichen und Disziplinen besteht. Der Buchstabe T symbolisiert die Kombination der Stärken von Generalisten und Spezialisten.

4.3 Kompetenzanforderungen an Auditor*innen

Grundsätzlich gilt der „Leitfaden zur Auditierung von Managementsystemen" nach **DIN EN ISO 19011:2018-10,** der die Auditprinzipien, die gute Auditpraxis und die dafür notwendigen Kompetenzen von Auditor*innen umfassend beschreibt. Das Ziel ist es, einen systematischen, unabhängigen und dokumentierten Auditprozess zu beherrschen sowie objektive Nachweise und Bewertungen zu erlangen.

Die **DIN EN ISO 9001:2015** fordert, Auditor*innen auszuwählen und Audits durchzuführen, um Unparteilichkeit und Objektivität zu gewährleisten. Das ist intern spätestens bei der Befragung der Führungskräfte schwierig, aber machbar. Gelebte Praxis meint, dass die Auditor*in nicht direkt dem auditierten Bereich angehört. Bewährt hat sich auch, zu zweit zu auditieren. So ergänzt man sich nicht nur beim Fragen und Protokollieren, sondern auch bei den Kompetenzen und der Objektivität. Vermeiden sollte man im Rahmen von ISO 9001-Audits auf jeden Fall, dass eine Führungskraft direkt unterstellte Mitarbeiter*innen auditiert und umgekehrt.

Von Auditor*innen „im Einsatz" werden generell folgende **Methoden-, Fach-, Sozial- und persönliche Kompetenzen** erwartet:

1. Die **Auditmethoden** müssen sicher angewendet werden. Das bezieht sich auf die professionelle Durchführung von ziel- und ergebnisorientierten Gesprächen nach Auftrag, die Anwendung adäquater Gesprächstechniken, das Auditieren an sich mit objektiver Nachweisführung, die Bewertung komplexer Sachverhalte und die Präsentation der Ergebnisse einschließlich deren Dokumentation.
2. Ein gutes Verständnis für die Gesundheitsbranche sowie **Fachkompetenz** sollten vorhanden sein. Dies beinhaltet auch Kenntnisse bzgl. der spezifischen Herausforderungen und Anforderungen im Krankenhaus. Es gilt, gesetzliche Vorgaben, ethische Aspekte und die Patient*innensicherheit bei der Durchführung der Audits zu berücksichtigen. Es ist aber auch wichtig, das zu auditierende Krankenhaus bzgl. Aufbau- und Ablauforganisationen zu kennen, sich mit der Struktur, Kultur und Führung beschäftigt zu haben und die anzuwendenden Vorgaben wie Normen, rechtliche Vorschriften und Vertragsbedingungen zu kennen (u. a. DIN EN ISO 9001:2015, Anforderungen diverser Fachgesellschaften u. a. OnkoZert, EndoCert).
3. **Soziale Kompetenzen** befähigen die Auditor*in, auf die verschiedenen Sichtweisen im Audit adäquat einzugehen. Von Vorteil ist es daher, team- und kooperationsfähig zu sein, kommunikationsstark und wertschätzend zu agieren, unterschiedliche Sichtweisen zu moderieren, Konflikte auszuhalten und schlichten zu können. Sich angemessen durchsetzen zu können, überzeugend zu argumentieren, eine gute Feedbackkultur zu fördern und kulturelle Unterschiede einbinden zu können.
4. **Persönliche Kompetenzen** sichern zum einen die Kommunikation auf Augenhöhe und zum anderen die Akzeptanz als Auditexpert*in. Stichwörter sind hier integer und aufrichtig zu sein, verantwortungsvoll und ethisch zu handeln, objektiv und unparteilich vorzugehen, aufgeschlossen und flexibel zu sein, eine schnelle Auffassungsgabe zu haben und aufmerksam zu sein, selbstständig organisieren, recherchieren und kombinieren zu können, zuverlässig und genau zu arbeiten, ausdauernd und engagiert zu sein und selbstsicher aufzutreten.

Zur Durchführung von Audits im agilen Umfeld werden im Krankenhaus 4.0 zusätzlich **agile Kompetenzen** erwartet. Diese agilen Kompetenzanforderungen haben das Potenzial, das Kompetenzprofil von Auditor*innen zukünftig zu ergänzen und zu erweitern.

Im Folgenden sind diese „agilen" Kompetenzanforderungen im Einzelnen beschrieben:

- **Digitale Kompetenz:** Es ist wichtig, über umfassende digitale Kompetenzen im Audit zu verfügen. Die Auditor*in ist vertraut mit digitalen Tools und Technologien, die den Auditprozess unterstützen, wie zum Beispiel Auditmanagementsoftware, Datenanalyse-Tools und Kollaborationsplattformen.
- **Agile Denkweise:** Diese zeichnet Auditor*innen aus. Sie denken agil und sind offen für Veränderungen und kontinuierliche Verbesserungen, verstehen die Prinzipien agiler Methoden und können diese auf den Auditprozess im Krankenhaus anwenden.
- **Datenanalyse und Datenkompetenz:** Angesichts der wachsenden Menge an digitalen Daten im Krankenhausumfeld ist es wichtig, dass Auditor*Innen Daten analysieren und interpretieren können. Und Datenanalyse-Tools nutzen können, um Erkenntnisse zu gewinnen und fundierte Entscheidungen zu treffen.
- **Kommunikation und Zusammenarbeit:** Als guter Kommunikator ist die Auditor*in erfolgreich, weil sie effektiv mit verschiedenen Stakeholder*innen und den interessierten Parteien sowie Mitarbeiter*innen im Krankenhaus zusammenarbeiten kann. Die enge Zusammenarbeit mit dem Auditteam und anderen relevanten Interessengruppen ist entscheidend, um den Erfolg des Audits im agilen Umfeld zu gewährleisten.
- **Kontinuierliches Lernen:** Da sich Technologien und Methoden im Laufe der Zeit weiterentwickeln, ist eine Auditor*in kontinuierlich bestrebt, das Wissen und die Fähigkeiten zu erweitern, offen für neue Entwicklungen zu sein und sich aktiv mit aktuellen Trends und Best Practices zu beschäftigen.
- **Projektmanagement-Kompetenz:** Diese sichert die effiziente Planung des Auditprozesses, die Steuerung und die Überwachung. Der Auditor weiß um die Veränderungskraft durch Projektagilität.

Die Rolle der Auditor*in ist dynamisch und wandelt sich mit den technologischen und methodischen Entwicklungen. Voraussetzung und erfolgsentscheidend sind digitale Kompetenzen, eine agile Denkweise und Sicherheit bzgl. datenbasierter Entscheidungsfindung.

So kann das Audit im agilen Umfeld den Auditprozess optimieren und zur kontinuierlichen Verbesserung der Qualität der Patient*innenversorgung beitragen.

4.4 Kurzer zusammenfassender Leitfaden für die Gestaltung des Audits im Wandel

Bei der Durchführung von Audits im agilen Umfeld geht es zum einen um die Definition der Agilität und zum anderen sind wichtige Punkte zu beachten, um den Erfolg und die Effektivität des Audits sicherzustellen.

Per Definition ist Agilität im Krankenhausumfeld so definiert, „dass traditionell geprägte Strukturen und Prozesse, die auf absolute Sicherheit, Nachvollziehbarkeit und zentrale Kontrolle ausgerichtet sind, mehr in Richtung Flexibilität und intelligente Vernetzung organisiert werden. Merkmale von Agilität im Krankenhaus sind unter anderem zukunftsorientierte und anpassungsfähige Strategien bei dem Einsatz von Technologien und der Nutzung medizinischer Innovationen, schlanke Organisation mit kurzen Entscheidungswegen und die kontinuierliche Reflexion eben dieser Potenziale“ [10].

Eine der früheren Definitionen beschreibt Agilität als eine Kapazität mit Fokus auf schnelle Ergebnisse durch schnelle Veränderungen [11]. Agilität wird als eine Fähigkeit zur schnellen Anpassung an verändertes Markt- oder Konsumverhalten verstanden [12].

Etwas umfangreicher kann Agilität als ein Modell beschrieben werden. Dieses beinhaltet Technologie, menschliche Ressourcen und organisatorische Aspekte, um eine Informations- und Kommunikationsinfrastruktur zu erschaffen. Diese Infrastruktur gewährleistet Flexibilität, Geschwindigkeit, Qualität, Service und Effizienz. Dadurch wird es möglich, effektiv und koordiniert auf Änderungen in der Umwelt zu reagieren [13].

Nach einer weiteren Definition ist Agilität aber auch als eine Denk- und Arbeitseinstellung zu verstehen [14]. Menschen stehen an erster Stelle, ein Nutzen wird frühzeitig generiert, Lernen ist aufgrund von Feedbacks möglich und der Fokus liegt auf den wichtigsten Tätigkeiten [15].

Für die Gestaltung des Audits im Wandel sind folgend die wesentlichen Punkte zusammengefasst:

1. **Klare Ziele definieren:** Eine klare Formulierung des Auditzieles (Vision) und die Festlegung des Auditumfanges stehen am Anfang. Das Audit sollte in Bereichen ablaufen, die für die Patient*innensicherheit und die Qualität der Versorgung im Krankenhaus von besonderer Bedeutung sind.
2. **Bildung multidisziplinärer Teams:** Das Auditteam sollte Mitglieder aus verschiedenen Disziplinen umfassen, einschließlich Ärzt*innen, Pflegekräften, Verwaltungsmitarbeiter*innen und anderen relevanten Berufsgruppen im Krankenhaus. Dadurch wird sichergestellt, dass verschiedene Perspektiven und Kompetenzen einbezogen werden.
3. **Fördern von Kommunikation und Zusammenarbeit:** Audits im agilen Umfeld erfordern eine offene und transparente Kommunikation zwischen den Teammitgliedern und anderen Beteiligten im Krankenhaus. Eine gute Zusammenarbeit ist entscheidend, um Probleme zu identifizieren und effektive Lösungen zu entwickeln.
4. **Einholung eines kontinuierlichen Feedback:** Regelmäßige Feedback-Schleifen sind wichtig, um den Fortschritt des Audits zu bewerten und mögliche Anpassungen vorzunehmen. Dies ermöglicht es, sich an veränderte Umstände anzupassen und die Auditergebnisse zu verbessern.
5. **Iterative Durchführung:** Statt eines umfassenden Systemaudits könnte das Team das Audit in kleinere, iterative Schritte mit Audits im Sprint aufteilen. Dadurch werden schneller Ergebnisse erzielt, und das Team kann frühzeitig auf auftretende Probleme reagieren.

6. **Konzentration auf kontinuierliche Verbesserung:** Die Audits sollten darauf abzielen, nicht nur Probleme aufzudecken, sondern auch Lösungen zu entwickeln und umzusetzen, um die Qualität der Versorgung kontinuierlich zu verbessern. Hierbei spielt die KAIZEN-Philosophie eine große Rolle.
7. **Flexibilität und Anpassungsfähigkeit:** Audits müssen flexibel sein, um sich den sich ändernden Bedingungen im Krankenhaus anzupassen. Dies könnte Änderungen in den Prioritäten oder neue Erkenntnisse während des Auditprozesses beinhalten.
8. **Dokumentation und Transparenz:** Alle Ergebnisse, Probleme, Lösungen und Verbesserungen im Audit sollten genau und transparent dokumentiert werden. Dies hilft, den Fortschritt zu verfolgen und Berichte für die relevanten Interessensgruppen zu erstellen.
9. **Führung und Unterstützung:** Die Unterstützung der Krankenhausleitung bzw. des Auditauftraggebers ist entscheidend für den Erfolg von Audits im agilen Umfeld. Die Führungskräfte müssen die Bedeutung dieser Vorgehensweise verstehen und das Auditteam aktiv unterstützen.
10. **Ressourcen und Zeitplan:** Der Auditor*in muss ausreichend Zeit und Ressourcen für die Durchführung des Audits zur Verfügung stehen. Möglicherweise sind – gerade zu Beginn – neue Fort- und Weiterbildungsformate mit agilen Inhalten und Trainings erforderlich, um das Audit im agilen Umfeld erfolgreich durchführen zu können.

Literatur

1. Goldschmidt, A. J. W., Marquardt, K., Groneberg, D., & von Eiff, W. (2023). Aufbruch oder verspielte Zukunft der Krankenhausdigitalisierung in Deutschland. *Zentralblatt für Arbeitsmedizin, Arbeitsschutz und Ergonomie, 73,* 170–181. https://doi.org/10.1007/s40664-023-00506-z.
2. Häusling, A., & Kahl-Schatz, M. (2018). Treiber für Agilität – Gründe und Auslöser. In A. Häusling (Hrsg.), *Agile Organisationen: Transformationen erfolgreich gestalten – Beispiele agiler Pioniere* (1. Aufl., S. 24). Haufe-Lexware GmbH & Co. KG.
3. Aulinger, A. (2016). Die drei Säulen agiler Organisationen. In A. Aulinger & M. Heudorf (Hrsg.), *Institut für Organisation & Management.* Berlin. https://docplayer.org/39967162-Whitepaper-die-drei-saeulen-agiler-organisationen-andreas-aulinger-iom-steinbeis-hochschule-berlin-institut-fuer-organisation-management-iom.html. Zugegriffen: 9. Okt. 2023.
4. Weber, F., & Berendt, J. (2017). *Robuste Unternehmen: Krisenfest in Zeiten des Umbruchs* (1. Aufl.). Springer Fachmedien Wiesbaden GmbH.
5. Albrecht, A. (2017) Disruptive Organisation. *Gruppe. Interaktion. Organisation. Zeitschrift für angewandte Organisationspsychologie, 48*(3), 185–192. https://doi.org/10.1007/s11612-017-0380-8.
6. Pett, J., Kristall, M., & Mack, D. (2017). Opportunity from disruptiom. *The Internal auditor, 74*(3), 57–59. Institute of Internal Auditors, Incorporated, Altamonte Springs.
7. Komus, A., & Kuberg, M. (2015). Status Quo Agile – Studie zu Verbreitung und Nutzen agiler Methoden (S. 6). https://www.gpm-ipma.de/fileadmin/user_upload/Wissen/Studien/ergebnis-status-quo-agile-studie-2015-gpm.pdf. Zugegriffen: 29. Okt. 2018.

8. Spayd, M. K., & Madore, M. (2021). *Agile Transformation: Using the Integral Agile Transformation Framework to think and lead differently.* Pearson Education. https://books.google.de/books?hl=de&lr=&id=atnPEAAAQBAJ&oi=fnd&pg=PT13&dq=Spayd,+S.+(2010).+Agile+%26+Culture:+The+results&ots=41I-UMWDmX&sig=TQqxzk7HJqeSGYd37E-AHZDY2CW0#v=onepage&q&f=false.
9. Lang, M., & Scherber, S. (2015). *Agile Führung: Vom agilen Projekt zum agilen Unternehmen* (1. Aufl., S. 138). Symposion.
10. Bereit für morgen!? Agilität als Erfolgsfaktor für die digitale Transformation in deutschen Krankenhäusern. https://www.kma-online.de/mediathek/whitepaper/detail/bereit-fuer-morgen-agilitaet-als-erfolgsfaktor-fuer-die-digitale-transformation-in-deutschen-krankenhaeusern-5. Zugegirffen: 14. Juli 2023.
11. Brown, J. L., & Agnew, N. Mc K. (1928). Corporate agility. *Business Horizons, Elsevier, 25*(2), 29. https://doi.org/10.1016/0007-6813(82)90101-X.
12. Putnik, G. D., (2001). BM_Virtual Enterprise Architecture Reference Model. In A. Gunasekaran (Hrsg.), *Agile manufacturing: The 21st century competitive strategy* (1. Aufl., S. 79). Elsevier Science Ltd. https://doi.org/10.1016/B978-008043567-1/50004-8.
13. Vazquez-Bustelo, D., Avella, L., & Fernandez, E. (2007). Agility drivers, enablers and outcomes: Empirical test of an integrated agile manufacturing model. *International Journal of Operations & Production Management, 27*(12), 1308. https://doi.org/10.1108/01443570710835633
14. Schwaber, K., & Sutherland, J. (2012). *Software in 30 days: How agile managers beat the odds, delight their customers, and leave competitors in the dust* (1. Aufl., S. 30). Wiley.
15. Kusay-Merkle, U. (2018). *Agiles Projektmanagement Im Berufsalltag: Für Mittlere und Kleine Projekte* (S. 27). Springer Gabler. https://doi.org/10.1007/978-3-662-56800-2.

Ursprung und Idee agiler Prinzipien 5

Der Begriff Agilität und ihre Prinzipien stammt ursprünglich aus der IT und wurde in den 1990er-Jahren eingesetzt, um Programmierprozesse noch effektiver zu gestalten. In den letzten Jahren hat sich Agilität jedoch auch in Unternehmen verbreitet, die nichts mit IT zu tun haben und gilt heute als eine der Schlüsselkompetenzen für das digitale Zeitalter.

5.1 Einleitung

Der größte Vorteil, den man durch die Umsetzung agiler Prinzipien hat, ist die Fähigkeit, Veränderungsprozesse optimal zu managen und transparent zu gestalten.

Die **Geschichte der Kaizen-Philosophie und des Agilen Manifestes mit Mindset** ist in Tab. 5.1 dargestellt.

Zwei wichtige Meilensteine in der Entwicklung agiler Prinzipien sind besonders bemerkenswert. Zum einen, die Entstehung des *Agilen Manifests,* als 2001 in Utah 17 Softwareentwickler zusammenkamen, um die Methoden der Softwareentwicklung zu besprechen. **Das Agile Manifest** beschreibt daher die Werte und Prinzipien der agilen Softwareentwicklung. [2, 3] So gilt das Agile *Manifest* auch als der »agile Urknall« [4]. Zum anderen die Publikation von Masaaki Imai 1986 mit **„Kaizen: The japanese key to success“.** Laut Imai [5] liegt der Kaizen-Philosophie die Annahme zugrunde, dass jedes System ab dem Zeitpunkt seiner Einrichtung dem Zerfall preisgegeben ist, wenn es nicht ständig erneuert bzw. verbessert wird. Die Botschaft von Kaizen beinhaltet, dass kein Tag ohne irgendeine Verbesserung im Unternehmen vergehen soll. Kaizen bedeutet die Philosophie der ewigen Veränderung und der Flexibilität, um optimal auf Veränderungen der Umwelt zu reagieren. Kontinuierliche Verbesserungen und somit Wettbewerbsvorteile lassen sich hierbei nur durch einen starken Fokus auf Qualität, Kundenorientierung, Prozessorientierung und Standardisierung gewährleisten [6].

K. Börchers, *Agile Audits im Krankenhaus,* https://doi.org/10.1007/978-3-658-44339-9_5

Tab. 5.1 Geschichte der Kaizen-Philosophie und des Agilen Manifestes mit Mindset (Quelle: [1]/ eigene Darstellung)

Kaizen-Philosophie und ständige Veränderung		**Agiles Manifest und Mindset für agile Teams**
	1943	Erste agile Vorgehensweisen bei der Entwicklung von Kampfflugzeugen bei Lockheed Martin
	1951	Talcott Parson thematisiert in seinem Buch „The Social Systems“ die Themen: Anpassungsfähigkeit von Unternehmen sowie die Integration verschiedener Stakeholder*innen beim Entwicklungsprozess
	1950–60	Iterative Projektarbeit mit anschließenden Review-Phasen wird bei IBM und der NASA angewendet
Durch das Buch „**Kaizen: The japanese key to success**“ von Masaaki Imai gelangt **die Theorie der kontinuierlichen Verbesserung** und der Einsatz agiler Prinzipien nach Europa	1986	
	1990	Erhöhtes Forschungsinteresse an der agilen Thematik. Inhalte wie organisationales Lernen (Peter M. Senge) sowie Unternehmensvision und Agilität (Nagel und Dove) rücken in den Fokus der Forschung
	2001	17 Softwareentwickler bearbeiten in Utah Methoden der Softwareentwicklung, es entsteht **das Agile Manifest**. Es beschreibt die Werte und Prinzipien der agilen Softwareentwicklung
	2023	In der Softwareentwicklung, in Banken und Industrieunternehmen werden seit Jahrzehnten agile Methoden erfolgreich in den unterschiedlichsten Bereichen angewendet, jedoch noch so gut wie in keinem deutschen Krankenhaus

5.2 Kaizen-Philosophie und ständige Veränderung

Der Begriff „Kaizen“ bezieht sich auf eine japanische Lebens- und Arbeitsphilosophie. Es geht um die innere Einstellung eines Mitarbeiters oder einer Mitarbeiterin, die Veränderung begrüßt, niemals mit dem aktuellen Zustand zufrieden ist und immer nach

Perfektion strebt, wohl wissend, dass dies nie erreicht werden kann. Diese Methode, die als kontinuierlicher Verbesserungsprozess (KVP) bekannt ist, hat sich in der westlichen Welt etabliert.

Es kann eine wirksame Methode bei agilen Audits im Krankenhaus sein, um kontinuierliche Verbesserungen in der Patient*innenversorgung und bei den Krankenhausabläufen zu fördern. Hier sind einige spezifische Ansätze, wie Kaizen im Rahmen von agilen Audits im Krankenhaus angewendet werden kann:

1. **Schaffung einer Kultur der kontinuierlichen Verbesserung:** Agiles Arbeiten und Kaizen haben gemeinsam den Ansatz, eine Kultur der kontinuierlichen Verbesserung zu fördern. Dies beginnt mit der Etablierung eines Mindsets, in dem alle Mitarbeiter*innen im Krankenhaus dazu ermutigt werden, kontinuierlich nach Möglichkeiten zur Verbesserung zu suchen.
2. **Kleine, inkrementelle Verbesserungen identifizieren:** Agile Audits können dazu verwendet werden, kleinere, aber bedeutsame Verbesserungen in den Prozessen und Abläufen im Krankenhaus zu identifizieren. Durch die Fokussierung auf kleine, inkrementelle Verbesserungen können mögliche Auswirkungen besser überwacht und Anpassungen vorgenommen werden.
3. **Multidisziplinäre Teams einbeziehen:** Agile Audits sollten multidisziplinäre Teams einbeziehen, die aus Mitarbeiter*innen verschiedener Abteilungen und Hierarchieebenen bestehen. Die Zusammenarbeit dieser Teams fördert den Austausch von Ideen und ermöglicht eine umfassende Analyse der verschiedenen Herausforderungen im Krankenhaus.
4. **Fehler als Lernchancen betrachten:** Im Rahmen von Kaizen und agilen Audits sollte das Auftreten von Fehlern oder Problemen als Lernchance betrachtet werden. Das Auditteam kann die zugrunde liegenden Ursachen für die Probleme analysieren und Maßnahmen ergreifen, um diese in Zukunft zu vermeiden.
5. **Kontinuierliches Monitoring und Anpassung:** Agiles Arbeiten und Kaizen setzen auf kontinuierliches Monitoring und Anpassung. Während des Auditprozesses sollten Fortschritte und die Implementierung von Verbesserungen genau überwacht werden. Bei Bedarf können Anpassungen vorgenommen werden, um die Effektivität der Maßnahmen zu erhöhen.
6. **Transparenz und Kommunikation:** Transparenz und offene Kommunikation sind entscheidend für den Erfolg von Kaizen und des agilen Audits im Krankenhaus. Alle Teammitglieder sollten ihre Erkenntnisse, Ideen und Vorschläge teilen, damit das Team als Ganzes lernen und wachsen kann.
7. **Kontinuierliche Schulung und Weiterentwicklung:** Die Mitarbeiter*innen im Krankenhaus sollten kontinuierlich geschult und weiterentwickelt werden, um ihre Fähigkeiten und ihr Wissen zu verbessern. Fortbildungen können dazu beitragen, dass das Team besser auf Probleme reagiert und innovative Lösungen entwickelt.

Durch die Integration von Kaizen in den agilen Auditprozess können Krankenhäuser kontinuierlich ihre Prozesse verbessern, die Patient*innensicherheit erhöhen und eine qualitativ hochwertige Versorgung bieten. Es ist wichtig, dass die Führungsebene das Engagement für kontinuierliche Verbesserung demonstriert und die Mitarbeiter*innen ermutigt, aktiv an den agilen Audits und der Implementierung von Kaizen-Maßnahmen teilzunehmen. Auf diese Weise können Krankenhäuser ihre Leistungsfähigkeit steigern und den Bedürfnissen der Patient*innen besser gerecht werden.

Kern des Managementkonzeptes Kaizen (japanisch „Wandel zum Besseren") sind drei Elemente:

1. Beziehe alle Mitarbeitenden ein.
2. Verändere dich in kleinen Schritten.
3. Höre nie auf dich zu verbessern.

Innovation und Kaizen passen gut zusammen. Es ist an der Zeit, eine Innovation durchzuführen, wenn mit Kaizen keine weiteren Verbesserungen mehr erzielt werden können. Kaizen unterstützt die Verbesserung so lange, bis sie nicht mehr verbesserbar ist und eine erneute Innovation erforderlich ist. Wenn Kaizen zu Innovationen hinzugefügt wird, werden sie nicht nur umgesetzt, sondern häufig übertroffen. Daher sind häufig kontinuierliche Anstrengungen erforderlich, um den Status quo zu erhalten [7]. Die Abb. 5.1 visualisiert das Zusammenspiel von Innovation und Kaizen.

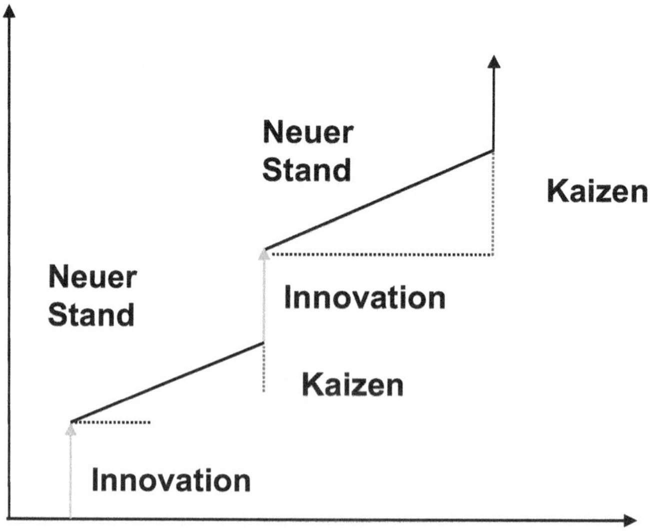

Abb. 5.1 Zusammenspiel von Innovation und Kaizen. (Quelle: [5])

Kaizen beinhaltet viele Aspekte. Es ist jedoch nicht ausreichend, nur einzelne Kaizen-Aspekte umzusetzen. Kaizen wirkt nur als Gesamtkonzept mit Fokus auf die Mitarbeiter*innen.

Es gibt eine Vielzahl von Methoden und Instrumente für Kaizen, die alle unter dem Begriff „Kaizen“ zusammengefasst sind Abb. 5.2. visualisiert diese mit dem „Kaizen-Schirm von Imai: Methoden und Instrumente“[7].

Der Umgang mit der Unternehmenshierarchie ist ein weiterer wichtiger Punkt. Obwohl auch in Unternehmen mit Kaizen hierarchische Strukturen vorhanden sind, ist striktes hierarchisches Denken mit Kaizen nicht vereinbar. Im Gegensatz zu „westlichen“ Unternehmen, bei denen nur die obersten Führungsebenen an Änderungen oder anderen wichtigen Entscheidungen beteiligt sind, beteiligen sich alle Mitarbeiter*innen in einem Kaizen-Unternehmen, wie in Tab. 5.2 dargestellt.

„Gerade die aktive und kritikorientierte Beteiligung der Mitarbeiter*innen birgt ein großes Potenzial für das Unternehmen in sich. Jeder Mitarbeiter und jede Mitarbeiterin hat kreative Potenziale und ein durch seine/ihre tägliche Arbeit erlangtes Erfahrungswissen. Werden die Mitarbeiter*innen also umfassend an Entscheidungen und Verbesserungen beteiligt, kann dies für das Unternehmen nur von Vorteil sein. Um eine echte Beteiligung der Mitarbeiter*innen zu erreichen, ist die Abgabe von Verantwortung und die Beteiligung an wichtigen Entscheidungen eine unabdingbare Voraussetzung“ [7].

Jedoch ist dieser Ansatz in europäischen Unternehmen nicht weit verbreitet. In Kaizen-Unternehmen werden alle Ebenen des Unternehmens in den Prozess der Verbesserung einbezogen, während in westlichen Unternehmen nur das Top- und mittlere Management verantwortlich ist [7].

Abb. 5.2 Der Kaizen-Schirm von Imai: Methoden und Instrumente. (Quelle: [5])

Die Tab. 5.2 stellt die Hierarchie der Kompetenzen im Kaizen-Prinzip dar.

„Der Erfolg von Kaizen hängt stark von der Qualifikation und Eignung der Mitarbeiter*innen ab. Die Mitarbeiter*innen sollten motiviert werden, Kaizen-orientiert zu denken und zu handeln. Individuelle Herausforderungen und die zunehmende Komplexität auch im Hinblick auf das Krankenhaus 4.0 erfordern ein flexibles und adäquates Management" [7, 8].

Im Folgenden sind die agilen Kaizen-Prinzipien dargestellt.

Als agile Kaizen-Prinzipien gelten die

1. **Fokussierung auf Qualität:** Hohe Qualität macht Kund*innen zufrieden.

Tab. 5.2 Die Hierarchie der Kompetenzen im Kaizen-Prinzip. (Quelle: [5])

Topmanagement	Mittleres Management und Stab	Meister	Arbeiter
Einführung von Kaizen als grundlegende Strategie	Entwicklung und Durchsetzung, der vom Top-Management entwickelten Zielsetzungen durch verbreitende Maßnahmen und interfunktionales Management	Funktionstüchtige Anwendung von Kaizen	Teilnahme an Kaizen durch Anregungen und Kleingruppenaktivität
Förderung und Leistung von Kaizen durch geeignete Hilfsmittel	Nutzen von Kaizen in funktionalen Systemen	Planentwicklung zur Realisierung von Kaizen und Förderung von Führungsgemeinschaften	Disziplin innerhalb der Arbeitsgruppe
Etablierung von Kaizen und interfunktionalen Zielen	Festigung, Erhaltung und Steigerung der Standards	Unterstützung von Kleingruppenaktivitäten sowie von individueller Auseinandersetzung mit dem Arbeitsprozess	Weiterentwicklung der bewussten Auseinandersetzung mit dem Arbeitsprozess zur besseren Lösung von Problemen
Realisierung der Ziele Kaizens durch verbreitende Maßnahmen und Vorträge	Förderung des Kaizen-Bewusstseins der Arbeiter durch intensive Trainings-Programme	Einführung von Disziplin innerhalb der Arbeitsgruppen	Erhöhung der Fachkenntnis und Arbeitserfahrung durch weiterführende Seminare
Aufbau von Systemen, Arbeitstechniken und Strukturen entsprechend dem Kaizen-Prinzip	Hilfestellung für die Arbeiter bei der Entwicklung von Problemlösungen	Förderung neuer Kaizen-Ideen	

2. **Kundenorientierung:** Zufriedene Kund*innen kommen wieder, empfehlen weiter und sind bereit, faire Preise zu bezahlen.
3. **Prozessorientierung:** Gute Ergebnisse kommen von intelligenten und effizienten Prozessen, die an den Bedürfnissen der Kund*innen ausgerichtet sind.
4. **Standardisierung:** Hohe Qualität und gute Prozesse sollten als Standards festgelegt werden
5. **Mitarbeiterorientierung:** Aktive und kritikorientierte Beteiligung der Mitarbeiter*innen:

Das Erreichen einer optimalen, auf Agilität basierenden „Zusammenarbeits- und Vervollkommnungskultur" ist neben einer guten IT-Infrastruktur und digitalen Anwendungen im Krankenhaus im weiteren Transformationsprozess zukünftig mit erfolgsentscheidend.

5.3 Agiles Manifest und Mindset für agile Teams

Ein Großteil der agilen Methoden, Prinzipien und Techniken stammen aus der Softwareentwicklung. Der Wunsch nach flexibleren und schlankeren Entwicklungsprozessen und weniger fehlerhaften Software-Produkten, die den Wünschen der Anwender optimal entsprechen, brachte das Agile Manifest und unser modernes Verständnis von Agilität hervor. Das Agile Manifest ist eine Sammlung von Glaubenssätzen, Werten und Prinzipien für agile Teams.

Hintergrund des Manifests war die Enttäuschung und Unzufriedenheit der Industrie in den 1990er Jahren. „Diese waren geprägt von einer Neuordnung der Welt nach dem Ende des Kalten Kriegs und dem Zerfall der Sowjetunion mit den Vereinigten Staaten als einziger verbliebener Supermacht der Erde. Wesentliche geopolitische Entwicklungen waren die deutsche Wiedervereinigung, der Zweite Golfkrieg und die Jugoslawienkriege. Die Grundlagen für bedeutende gesellschaftliche Umbrüche wurden durch die fortschreitende Digitale Revolution in Form zunehmender beruflicher und privater Nutzung von Computern und Mobiltelefonen sowie dem Aufkommen des Internets (insbesondere des World Wide Webs und E-Mail) gelegt" [9]. In dieser Zeit kam es zu enormen Zeitverzögerungen zwischen den Geschäftsanforderungen (den Anwendungen und Funktionen, die von den Kund*innen gewünscht wurden) und der Lieferung der Technologie, die diese Anforderungen erfüllte. Viele IT-Projekte konnten nicht abgeschlossen werden und wurden abgebrochen.

Das Manifest für agile Softwareentwicklung von 2001 [10] markierte einen Meilenstein in der Entwicklung von Agilität. Dieses beschreibt agile Werte und Prinzipien, ursprünglich für die Softwareentwicklung gedacht.

Die darin enthaltenen Werte lauten wie folgt:

1. **Individuen und Interaktionen vor Prozessen und Werkzeugen** („Individuals and interactions over processes and tools“)
2. **Funktionierende Software über umfassende Dokumentation** („Working software over comprehensive documentation“)
3. **Zusammenarbeit mit dem Kunden statt Vertragsverhandlungen** („Customer collaboration over contract negotiation“)
4. **Reagieren auf Veränderungen statt Befolgen eines Plans** („Responding to change over following a plan“)

Das 2001 publizierte Agile Manifest enthält 4 Werte und 12 Prinzipien, die für ein erfolgreiches agiles Arbeiten wichtig sind.

Die vier grundlegenden Werte des Agilen Manifestes können weiter inhaltlich differenziert wie folgt beschrieben werden:

1. **Individuen und Interaktionen vor Prozessen und Werkzeugen:** Menschen höher zu bewerten als Prozesse oder Tools – das ist leicht zu verstehen und nachvollziehbar. Denn es sind die Menschen, die Veränderungsprozesse gestalten.
2. **Funktionierende Software über umfassende Dokumentation:** In der Vergangenheit wurden in der Softwareentwicklung enorme Mengen an Zeit auf die Dokumentation für die Entwicklung und die endgültige Auslieferung des Produkts verwendet. Technische Spezifikationen, technische Anforderungen, technische Prospekte, Schnittstellendesign-Dokumente, Testpläne, Dokumentationspläne und die jeweils erforderlichen Freigaben. Mit Agile wird die Dokumentation nicht abgeschafft, aber innovativ u. a. als *User Stories* modifiziert, die für eine funktionierende Software ausreicht. Man könnte sagen, das Agile Manifest schätzt die Dokumentation – aber es schätzt funktionierende Software und Ergebnisse mehr.
3. **Zusammenarbeit mit dem Kunden statt Vertragsverhandlungen:** Das Agile Manifest hat die Kund*innen während des gesamten Entwicklungsprozesses im Blick. Diese sind einzubinden und können mitgestalten. Das macht es für die Entwicklung viel einfacher, die Bedürfnisse zu erfüllen und das vertraglich Vereinbarte zu erreichen.
4. **Reagieren auf Veränderungen statt Befolgen eines Plans:** In der traditionellen Softwareentwicklung wurden Änderungen nur als Kostenfaktor betrachtet mit der Folge, dass statisch ein Plan abgearbeitet wurde. Der vierte Wert des Agilen Manifestes steht also dafür, dass Änderungen ein Projekt verbessern und einen Mehrwert bieten.

Die **zwölf Prinzipien des Agilen Manifestes** beschreiben und differenzieren eine Arbeitskultur, in der Veränderungen willkommen sind und in der die Kund*in eine zentrale Rolle spielen.

Diese sind im Folgenden etwas modifiziert dargestellt [11, 12]:

1. **Schaffe Kundenzufriedenheit durch frühe Auslieferung von wertiger Software.**
   Kund*innen sind zufriedener, wenn in regelmäßigen Abständen funktionierende Software geliefert wird, anstatt immer wieder mit Updates über den Entwicklungsfortschritt informiert zu werden. Das bedeutet, dass das Krankenhaus regelmäßig funktionierende Software bereitstellen sollte z. B. im OP oder auf Station – auch um eine hohe Mitarbeiterzufriedenheit sicher zu stellen.
2. **Änderungen sind etwas Gutes und stellen auch später im Prozess noch einen Nutzen dar.**
   Die Fähigkeit, Verzögerungen zu vermeiden, wenn sich eine Anforderung oder ein Funktionswunsch ändert, ist zielführend. Es bedeutet, dass es für ein Krankenhaus von Vorteil ist, wenn es in der Lage ist, schnell auf Änderungen zu reagieren z. B. um die Patient*innen besser zu betreuen. Um dies zu erreichen, kann das Krankenhaus einen systematischen Veränderungsprozess implementieren, um Veränderungen schrittweise und geplant durchzuführen.
3. **Funktionsfähige Software soll schon innerhalb kürzester Zeit geliefert werden.**
   Dieses sichern agile Methoden wie Scrum, da hier das Team mit Sprints arbeitet, um zeitnah Software zu liefern. Scrum kann auch im Krankenhaus eingesetzt werden, um die Abläufe zu verbessern. Ein großes Krankenhaus kann beispielsweise mithilfe von Scrum die Reinigungszeiten nach einer OP verkürzen. Folglich konnte das Krankenhaus deutlich mehr Patient*innen operieren.
4. **Tägliche Zusammenarbeit zwischen allen relevanten Beteiligten.**
   Dies wird durch tägliche Meetings und Reviews zur Abstimmung gewährleistet. Diese Meetings dienen dazu, sicherzustellen, dass das Team auf dem gleichen Stand ist und dass alle Mitglieder des Teams wissen, was von ihnen erwartet wird. Sie helfen auch dabei, Probleme frühzeitig zu erkennen und zu lösen, bevor sie zu größeren Problemen werden. Diese agilen Kommunikationsroutinen sind auch im Krankenhaus gut umsetzbar.
5. **Selbstorganisation mit motivierten Individuen.**
   Motivierte Teams geben ihr Bestes und arbeiten effizient. Ein mitarbeiterorientiertes Personalmanagement, das die Bedürfnisse einzelner Mitarbeitender in den Blick nimmt, kann dazu beitragen, die Arbeits- und Berufsattraktivität z. B. in der Pflege zu fördern. Hier spielen Faktoren wie eine gute Zusammenarbeit innerhalb der Teams, hohe Anerkennung, gute Bezahlung und die Möglichkeit zur beruflichen Weiterentwicklung eine große Rolle.
6. **Direkte Kommunikation ist die effizienteste Methode, Informationen zu übermitteln.**
   Die direkte Kommunikation ist erfolgreicher, wenn Teams direkt vor Ort zusammenarbeiten. Eine direkte Kommunikation zwischen Ärzten und Pflegekräften im Krankenhaus kann so beispielsweise positive und störungsfreie Auswirkungen auf die Qualität der Patientenversorgung und die Arbeitszufriedenheit haben.

7. **Fortschritt messen durch funktionierende Software.**
   Funktionierende Software ist das wichtigste Fortschrittsmaß, so könnte man dieses 7. Prinzip auch beschreiben. Im Kontext von Krankenhäusern kann funktionierende Software dazu beitragen, die Effizienz der Arbeitsabläufe zu erhöhen und die Qualität der Patient*innenversorgung zu verbessern.
8. **Nachhaltigkeit durch agile Prozesse fördern.**
   Agile Prozesse mit regelmäßigen Retrospektiven sorgen für Nachhaltigkeit im Krankenhaus und sichern eine erfolgreiche Digitalisierung.
9. **Fokus auf technische Exzellenz.**
   Technische Exzellenz ist ein wichtiger Faktor für Krankenhäuser, um eine effektive und effiziente Patient*innenversorgung zu gewährleisten. Der „Technik-Stack" eines Krankenhauses ist die Basis für den Erfolg von KI-Anwendungen. Ein Technologie-Stack bezeichnet alle Technologien, Programmiersprachen, Frameworks und Tools, die ein Unternehmen oder ein Entwicklerteam nutzt, um Anwendungen und Dienste zu entwickeln, zu betreiben und zu warten. Hierbei sind nicht nur leistungsstarke Hardware und fortschrittliche Algorithmen entscheidend, sondern auch die Integration von modernen Softwarearchitekturen. Cloud-Computing, Edge-Computing und skalierbare Dateninfrastrukturen sind essenzielle Bestandteile, um die enorme Rechenleistung für komplexe KI-Berechnungen sicherzustellen. Eine Ausgewogenheit der technischen und organisatorischen Elemente sollte den „Technik-Stack" ausmachen, um den neuen Anforderungen gerecht zu werden.
10. **Einfachheit ist der Schlüssel.**
    „Keep it stupid and simple" ist hier das Motto.
11. **Die besten Leistungen entstehen durch selbstorganisierte Teams.**
    Selbstorganisierte Teams verteilen auch im Krankenhaus die Aufgaben, die für gewöhnlich von der Führungskraft bearbeitet werden, auf die Gruppe. Das erfordert mehr Teilhabe und Verantwortung im gesamten Team. Verantwortung und Entscheidungsfreiheit gelten als Motivatoren für eine erfolgreiche Projektarbeit.
12. **Reflexion, um Fehler zu erkennen und Anpassungen vornehmen zu können.**
    Reflexion ist ein wichtiger Prozess, um Fehler zu erkennen und Anpassungen vornehmen zu können. Es ist klar, dass das Patient*innen- und Mitarbeiter*innenfeedback effektiv genutzt werden kann, um Verhaltensweisen zu verbessern. So können die verschiedenen Berufsgruppen z. B. von Techniken für reflektierendes Lernen profitieren. Insgesamt kann Reflexion dazu beitragen, die Effizienz der Arbeitsabläufe zu erhöhen und die Qualität der Patient*innenversorgung zu verbessern.

Die konkrete Umsetzung der agilen Werte und deren Prinzipien erfolgt mit agilen Praktiken. Durch die Kombination mehrerer agiler Praktiken haben sich agile Methoden entwickelt, wie beispielsweise *Scrum*. Die Abb. 5.3 stellt eine Übersicht agiler Praktiken dar.

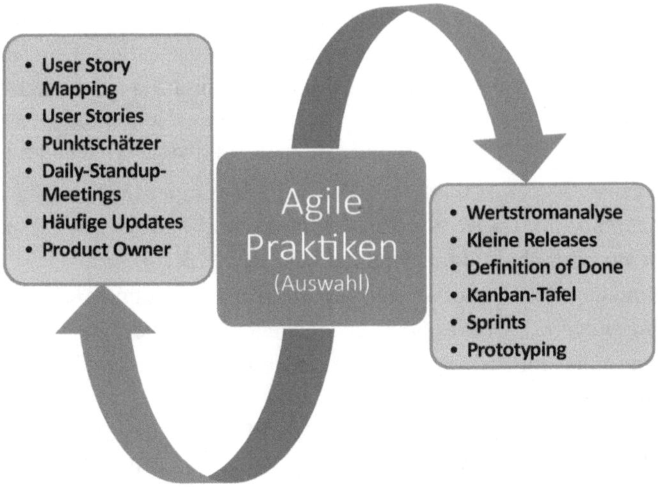

Abb. 5.3 Übersicht agile Praktiken. (Quelle: eigene Darstellung)

Abb. 5.4 „Agiles Mindset". (Quelle: Eigene Darstellung)

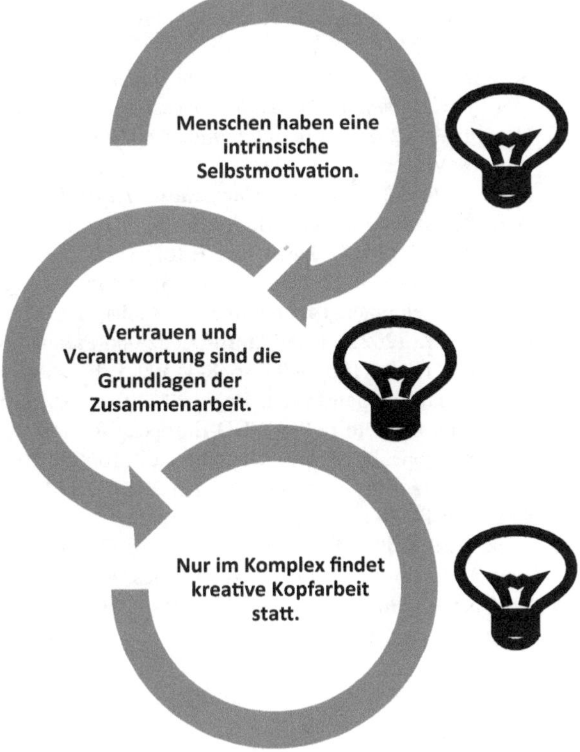

Wer mit dem Thema Agilität startet, dem fallen vermutlich zunächst sichtbare Merkmale auf wie bunte Klebezettel an Boards oder Mitarbeiter*innen, die im Stehen ihre Arbeitstreffen abhalten. Diese agilen Praktiken und Methoden sind für jeden nachvollziehbar und offensichtlich. Eine agile Kultur hingegen – als Basis einer agilen Organisation – ist nicht ganz so offensichtlich. Es reicht also nicht aus, nur agile Praktiken und Methoden einzusetzen, sondern es ist essenziell, dass das *„Mindset"* der Organisation agil gestaltet ist.

„Das Mindset sind alle relevanten Einstellungen und Haltungen, die ein Mensch hat und nicht nur seine Grundhaltung.", so eine Definition [13].

Das agile Mindset ist im Idealfall eine gelebte Einstellung und Haltung, die die agilen vier Werte widerspiegelt. Es geht dabei um Vertrauen in Kolleg*innen und deren Selbstorganisation, eine hohe intrinsische Motivation und den kreativen Umgang mit komplexen Prozessen und Projekten.

Neben den Werten und Prinzipien des agilen Manifests ist also auch ein passendes Mindset überaus wichtig. [14] Die Abb. 5.4 visualisiert das agile Mindset.

Literatur

1. Eißler, P. (2018). *Geschichte der Agilität.* https://agilerweg.de/geschichte-der-agilitaet/. Zugegriffen: 23. Juli 2023.
2. Gloger, B., & Margetich, J. (2014). *Das Scrum-Prinzip: Agile Organisationen aufbauen und gestalten* (1. Aufl.). Schäffer-Poeschel.
3. Scheller, T. (2017). *Auf dem Weg zur agilen Organisation: Wie Sie Ihr Unternehmen dynamischer, flexibler und leistungsfähiger gestalten* (1. Aufl.). Franz Vahlen.
4. Nowotny, V. (2016). *Agile Unternehmen: Nur was sich bewegt, kann sich verbessern* (1. Aufl). BusinessVillage.
5. Imai, M. (1992). *Kaizen – Der Schlüssel zum Erfolg der Japaner im Wettbewerb* (2. Aufl.). Wirtschaftsverlag Langen Müller Herbig.
6. Brunner, F. J. (2017). Japanische Erfolgskonzepte: KAIZEN, KVP, Lean Production Management, Total Productive Maintenance Shopfloor Management, Toyota Production System, GD^3 – Lean Development (4. überarbeitete Aufl.). Carl Hanser Verlag.
7. Börchers, K. (2021). Qualität, Effizienz und Patientenwohl im Krankenhaus. Springer Gabler. https://doi.org/10.1007/978-3-658-31599-3_1.
8. World Health Organization. Regional Office for Europe. (2016). From innovation to implementation: EHealth in the WHO European Region. World Health Organization. Regional Office for Europe. https://iris.who.int/handle/10665/326317 Zugegriffen: 11. Jan. 2024.
9. Wikipedia (zuletzt bearbeitet Oktober 2023). 1990er. https://de.wikipedia.org/wiki/1990er. Zugegriffen: 14. Okt. 2023.
10. Beck, K., Beedle, M., van Bennekum, A., Cockburn, A., Cunningham, W., Fowler, M., Grenning, J., Highsmith, J., Hunt, A., Jeffries, R., Kern, J., Marick, B., Martin, R. C., Mellor, S., Schwber, K., Sutherland, J., & Thomas, D. (2001). *Manifesto for agile software development.* http://agilemanifesto.org/. Zugegriffen: 14. Okt. 2023.

11. Volgger, C. (2019). Masterarbeit: Ein agiles Joint Audit zwischen Interner Revision und Compliance in staatsnahen Unternehmen und im öffentlichen Dienst – An agile joint audit between internal audit and compliance in state-owned companies and in the civil service. https://pub.fh-campuswien.ac.at/obvfcwhsacc/content/titleinfo/3782857/full.pdf. Zugegriffen: 11. Jan. 2024.
12. Gloger, B. (2013). Scrum: Produkte zuverlässig und schnell entwickeln. (4. überarbeitete Aufl., S. 20). Hanser.
13. Nowotny, V. (2016). Agile Unternehmen (1. Aufl.).
14. Denning, S. (2016). What's missing in the agile manifesto: Mindset. https://www.forbes.com/sites/stevedenning/2016/06/07/the-key-missing-ingredient-in-the-agile-manifesto-mindset/?sh=57b7d1467ffa. Zugegriffen: 11. Jan. 2024.

6 Herausforderungen disruptiver Transformationen im Krankenhaus

Die Transformation im Krankenhaus bringt viele Herausforderungen mit sich. Eine der größten Herausforderungen ist die Schaffung der technischen Voraussetzungen für die Digitalisierung. In vielen Krankenhäusern gibt es noch kein flächendeckendes WLAN, was die Nutzung vieler technischer Lösungen und mobiler Geräte unmöglich macht. Eine weitere Herausforderung ist die Heterogenität an IT-Systemen im Krankenhaus. Die verschiedenen Systeme unterschiedlicher Hersteller können häufig nicht miteinander kommunizieren und wichtige Kontextinformationen gehen bei der Datenübermittlung verloren. Ein weiteres Problem ist der Mangel an Personal und Zeit. Die Entlastung von Ärzt*innen und Pflegepersonal ist ein wichtiger Aspekt der Digitalisierung. Der Einsatz von Künstlicher Intelligenz (KI) in der Diagnostik kann Ärzt*innen unterstützen, etwa wenn Befunde bildgebender Verfahren vorab auf Auffälligkeiten untersucht werden.

Um diesen Herausforderungen disruptiver Transformationen im Krankenhaus zu begegnen, wurden durch das Krankenhauszukunftsgesetz KHZG deutschen Krankenhäusern seit dem 1. Januar 2021 insgesamt 4,3 Mrd. EUR für Investitionen in moderne Notfallkapazitäten, Digitalisierung und IT-Sicherheit zur Umsetzung zur Verfügung gestellt.

6.1 Einleitung

„Agilität ist das Gegenteil von Planerfüllung, hat aber nichts mit Planlosigkeit zu tun. An die Stelle starrer Ziele treten viel mehr Visionen“ so Horst Wildermann in seiner Publikation „Nur die Agilen werden überleben“ [1]. Doch im Gesundheitswesen und insbesondere in Krankenhäusern wird noch in sehr hierarchisch tradierten Strukturen gearbeitet, die agile Transformationsprozesse oft oder nur sehr eingeschränkt zulassen.

K. Börchers, *Agile Audits im Krankenhaus,* https://doi.org/10.1007/978-3-658-44339-9_6

Die Arbeit im Krankenhaus basiert häufig immer noch auf – oft veralteten – Organisationsstrukturen, die als „Professionsbürokratie" bezeichnet werden kann [2]. Diese tradierte Organisationsstruktur ist jedoch durch den Wandel und die Digitalisierung infrage gestellt. „Professionsbürokratien beschäftigen vor allem hoch qualifizierte Spezialisten wie Ärzt*innen und Pflegekräfte, um ihre sehr komplexen Arbeitsaufgaben bewältigen zu können. Die Krankenhausleitung bzw. die Geschäftsführung bildet hierbei die strategische Spitze. Das „mittlere Linienmanagement" verbindet die strategische Spitze mit dem operativen Kern. Der operative Kern bildet vor allem der ärztlichen Krankenhausbetrieb ab. Unterstützt wird der operative Kern durch den Pflegedienst im Hilfsstab. Die sogenannte Technostruktur unterstützt die Abläufe und bietet den Support bzgl. Standardisierung, Kontrolle und Optimierung" [3]. Die Abb. 6.1 visualisiert diesen Organisationstyp des Krankenhauses.

Doch dieser Organisationstyp ist im digitalen Zeitalter nicht mehr zukunftsfähig.

„E-Health, künstliche Intelligenz (KI), Generation Z und demografischer Wandel – es gibt genügend Schlagworte, die in den Krankenhäusern kursieren und zeigen, dass Transformationsprozesse nicht mehr aufzuhalten sind. Es geht aber auch darum, die jeweilige Führungsrolle an der strategischen Spitze im sog. operativen Kern und Hilfsstab nicht nur im Sinne eines zahlenabhängigen, analysebasiert rationalen Managements wahrzunehmen, sondern Visionen mit kraftvollen Bildern zu entwickeln und die Ziele, Werte und Standards zu deren Erreichung vorzuleben. Disruptionen wie die COVID-19-Pandemie oder die weitere Digitalisierung des Gesundheitswesens zwingen Krankenhäuser dazu, ihre Organisationsstrukturen neu zu überdenken. Webkonferenzen, von den Kostenträgern bezahlte Videokonferenzen mit Patient*innen, Investitionen in die Digitalisierungsstruktur und medizintechnische Infrastruktur sowie Innovationen mit künstlicher Intelligenz (KI) – diese Entwicklungen lassen sich nicht mehr so einfach zurückdrehen. Eine tradierte, hierarchisch umgesetzte Führung wird diesen disruptiven Veränderungsprozessen und Herausforderungen nicht mehr gerecht, weil sie kreative Konzepte und innovative Prozesse für die Zukunft behindert [3]. Für Experten stellen „die funktionale, hierarchische Struktur sowie das bisherige Managementverständnis und die Organisationskultur sogar einen kritischen Erfolgsfaktor dar" [4].

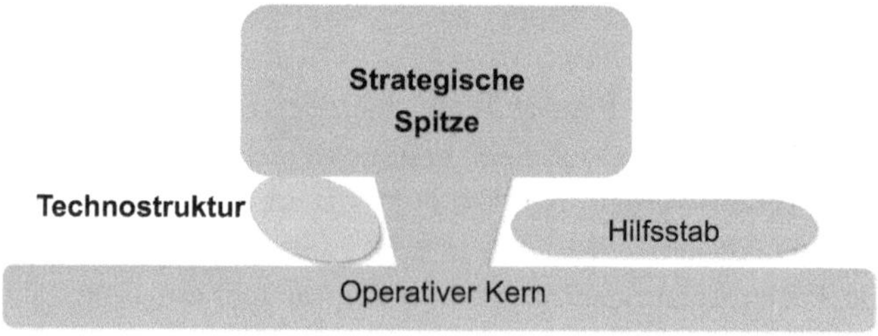

Abb. 6.1 Das Krankenhaus als „Professionsbürokratie". (Quelle: Eigene Darstellung in Anlehnung an [16, 17])

6.2 Phasenmodelle der Transformation nach Lewin und Kotter

„Wenn Du ein Schiff bauen willst, so trommle nicht Männer zusammen, um Holz zu beschaffen, Werkzeuge vorzubereiten, Aufgaben zu vergeben und die Arbeit einzuteilen, sondern lehre die Männer die Sehnsucht nach dem weiten endlosen Meer." Schon in den frühen 40er Jahren wurde Antoine de Saint-Exupéry in dieser Weise zitiert. Er behauptete, dass Menschen nicht durch sachliche Argumente zu Höchstleistungen motiviert werden können, sondern durch die Fähigkeit einer Führungskraft, die Bedürfnisse und Sehnsüchte jedes Individuums zu wecken. Der Bestseller „EQ. Emotionale Intelligenz" von Daniel Goleman (2011) hat vielleicht einige von uns mit dem Thema „Emotionale Kompetenz" vertraut gemacht.

Es ist möglich, emotionale Intelligenz zu erwerben und zu entwickeln, um im Leben erfolgreich zu sein, sagte Goleman [5]. Im Jahr 1999 veröffentlichte er das Buch „Working with emotional intelligence", das betonte, wie wichtig emotionale Fähigkeiten für das Berufsleben sind. 1999 publizierte er das Buch *„Working with emotional intelligence"* und fokussierte damit die Bedeutung emotionaler Kompetenzen im Arbeitsleben [3].

Die Führungstheorien des 21. Jahrhunderts konzentrieren sich auf die Emotionspsychologie [6]. „Erstmals werden Emotionen hier in einem Atemzug mit und als wesentliche Komponente von Führung genannt. Die emotionale Komponente betonen besonders die Theorien über charismatische Führung, transformationale Führung und symbolische Führung" [7].

„Alle diese Ansätze heben besonders die Notwendigkeit hervor, dass Führungspersonen Zukunftsvisionen haben, und betonen, dass Führung nicht nur rational erfolgen kann. Neben einem eigenen Wertesystem zur Identität und Orientierung als Führungskraft spielen das Verhalten und die Einstellung eine besondere Rolle. Insbesondere geht es um die Reaktion auf Veränderungsprozesse und um das Gestalten von Transformation mit emotionaler Kompetenz. Veränderungen erfolgen nicht automatisch, und es gibt auch in Organisationen kein „Veränderungs-Gen". Mitarbeiter*innen werden erst dann einem Veränderungsprojekt folgen, wenn es für sie Sinn macht und sich „lohnt". Tiefgreifende Veränderungen rufen bei Führungskräften und Mitarbeiter*innen unterschiedlichste emotionale Reaktionen hervor und haben Einfluss auf den Verlauf von Veränderungsprojekten. Die Reaktionen reichen von Ignoranz bis zum Widerstand. „Der Zwilling von Veränderung heißt Widerstand", diese Redewendung beschreibt die Problematik treffend. Die Wechselbeziehung von Emotionen und Veränderungsprozess greifen diverse Managementmodelle auf. Zu den wohl bekanntesten gehören das Lewin- und das Kotter-Modell" [3].

In den 40er-Jahren des 20. Jahrhunderts führte Kurt Lewin weitere Forschungen durch. Im Rahmen der Organisationstheorie beschäftigt sich seine Pioniertheorie mit den Veränderungen in drei Phasen. Nach einem anfänglichen Zustand mit Schock und Ablehnung tritt ein Veränderungsprozess mit rationaler Einsicht und emotionaler Akzeptanz in der zweiten Phase ein. In der dritten und abschließenden Phase verfestigen sich die neu geschaffenen Strukturen und Abläufe und werden in den alltäglichen Umgang miteinander integriert [3]. Die Abb. 6.2 stellt das **Drei-Phasen-Modell nach Lewin** dar.

Obwohl Lewin in seinen Phasen inhaltlich nicht auf einzelne Managementschritte während eines Veränderungsprozesses eingeht, hat John P. Kotter in seinem „8-Stufen-Modell“ acht Phasen des Veränderungsmanagements festgelegt. Kotter sagt, dass die Verantwortlichen diese Phasen berücksichtigen sollten, da sie für den Erfolg eines Veränderungsprozesses von entscheidender Bedeutung sind.

Das 8-Stufen-Modell nach John P. Kotter ist ein populäres Veränderungsmodell, das 1996 vor dem Hintergrund eines durch VUCA geprägten, globalisierten Marktumfeldes entwickelt wurde. Die Abb. 6.3 stellt den Transformationsprozess nach Kotter in den acht Phasen der Veränderung mit ihren unterschiedlichen Kommunikationselementen und Strukturen dar.

Kotter selbst hat die achte Phase des Kotter-Modells (Phase 8) bereits in einem Artikel im Harvard Business Manager relativiert. Er diskutiert die Bedeutung strategischer Agilität in Zeiten ständiger Unruhe, Disruption und Konkurrenz [3].

Die Abb. 6.4 visualisiert die Verwandtschaft der beiden Veränderungsmodelle nach Kotter und Lewin und bezieht die bekannteste agile Methode *„Scrum“* (s. u.) mit ein.

Zwei der bekanntesten Methoden des agilen Projektmanagements sind Scrum und Kanban. Um Projektteams schneller und flexibler zum Erfolg zu führen, teilen beide Methoden komplexe Projekte in viele kleinere Arbeitsschritte und -phasen auf.

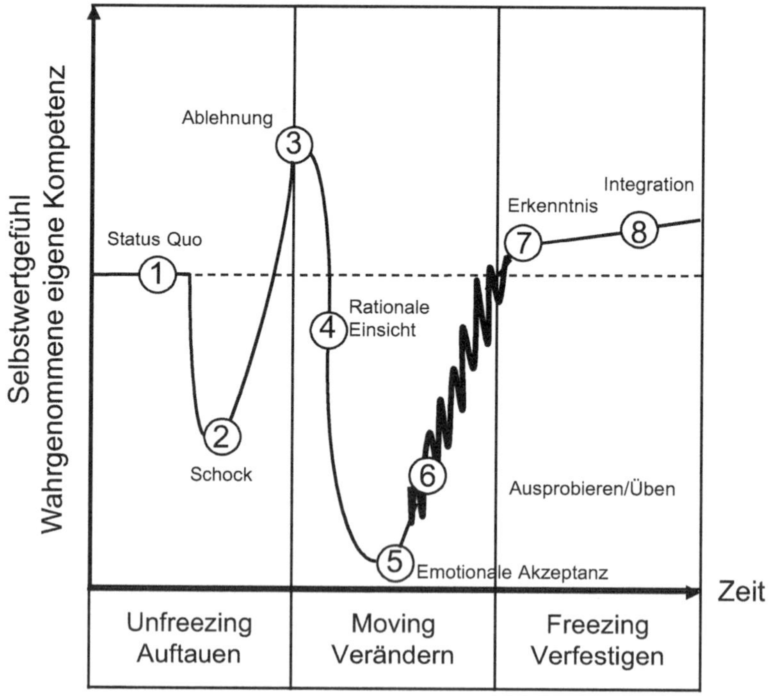

Abb. 6.2 Transformationsprozess nach Lewin. (Quelle: [8, 9])

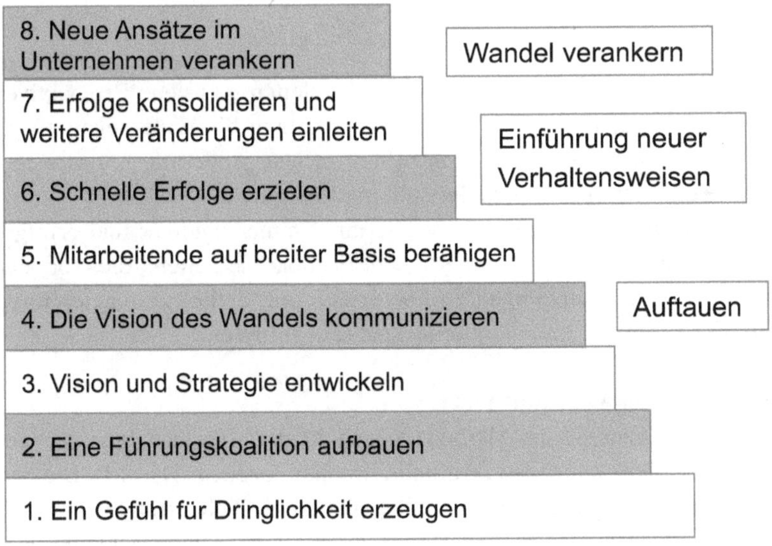

Abb. 6.3 Transformationsprozess nach Kotter, „Wasserfall-Modell". (Quelle: [8, 10, 11])

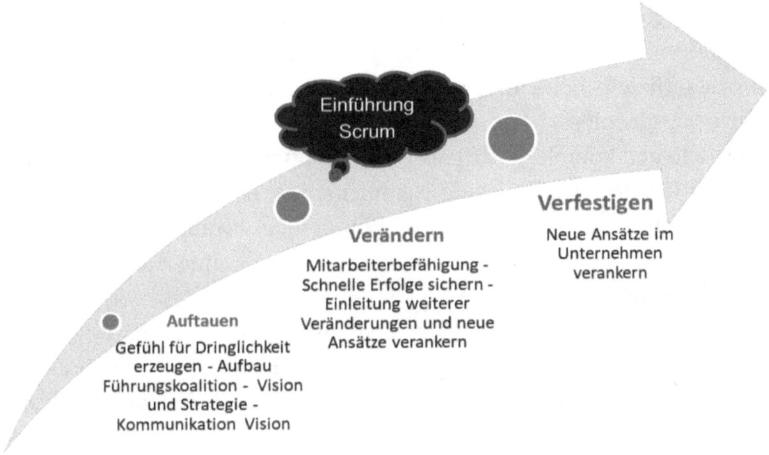

Abb. 6.4 Wandel nach Lewin und Kotters Veränderungs-Modell. (Quelle: Eigene Abbildung)

6.3 Scrum

Es ist häufig herausfordernd, Veränderungen einzuleiten und neue Perspektiven zu etablieren. Komplexe Projekte sind schwierig, von Anfang bis Ende genau zu planen, da immer wieder unvorhergesehene und unvorhergesehene Änderungen auftreten, wie Änderungen im Team oder in der Verfügbarkeit von Ressourcen.

In diesem Fall wird der agile Ansatz „Scrum" immer häufiger und erfolgreich verwendet. Scrum basiert auf kontinuierlichen Feedbackschleifen, die verwendet werden, um die aktuellen Bedingungen zu überprüfen und darauf zu reagieren, wenn Veränderungen oder Probleme im Veränderungsprozess auftreten.

Hintergrund, Rahmenwerk und Werte

„Die ersten Ansätze zur Scrum-Methode liegen in den 1980er-Jahren bei den beiden Wirtschaftstheoretikern Ikujirō Nonaka und Hirotaka Takeuchi [12, 13]. Sie beschrieben *Scrum* (Gedränge) im Zusammenhang mit außergewöhnlich erfolgreichen Produktentwicklungsteams. In Analogie zum Rugby arbeiten diese Teams als kleine, selbst organisierte Einheiten und bekommen von außen nur eine Richtung vorgegeben, bestimmen aber selbst die Taktik, wie sie ihr gemeinsames Ziel erreichen können. Scrum punktet vor allem mit Team-Spirit. Wie im Rugby-Sport legt das Scrum-Projektteam Wege als Einheit zurück und spielt sich dabei den Ball gegenseitig zu, um möglichst schnell einen Treffer zu landen und somit das Ziel als Erster zu erreichen. Die zentrale Technik in Scrum ist das sog. *Timeboxing*. Mit dieser *Time box* ist es möglich, für Projekte, Vorgänge und Aktivitäten verbindliche Zeiträume festzulegen und diese zu begrenzen. Sie trägt zur Projekt- und Prozesseffizienz bei. Die Scrum-Methode an sich legt ansonsten nur wenige Regeln fest. Diverse, globale, ad hoc zusammengestellte Teams können eine Lösung sein, um anspruchsvolle und komplexe Aufgaben zu bewältigen. Gleichzeitig sind sie auch eine Herausforderung für eine erfolgreiche Zusammenarbeit. Diese setzt eine echte *Wir-Kultur* – im Projektteam, aber auch in der gesamten Einrichtung – voraus" [3].

Die Abb. 6.5 visualisiert die Scrum-Methode, die auch eine Methode des Leitfadens Lean Services DIN SPEC 77007:2018-08 ist.

Product Backlog und Sprint Backlog sind zwei wichtige Begriffe im Scrum-Framework. Der **Product Backlog** ist eine dynamische Liste von Anforderungen, die alle Schritte enthält, die getan werden müssen, um das definierte Ziel zu erreichen. Der **Product Owner** ist für die Qualität und Pflege der Liste verantwortlich und priorisiert die Aufgaben nach verschiedenen Eigenschaften. Im Gegensatz dazu ist der **Sprint Backlog** eine Teilmenge des Product Backlogs, die Aufgaben enthält, die während eines bestimmten Sprints bearbeitet werden müssen. Der Sprint Backlog wird vom **Entwicklungsteam** erstellt und enthält die Aufgaben, die während des Sprints abgeschlossen werden müssen. Ein Sprint ist eine zeitlich begrenzte Iteration. Während des Sprints arbeitet das Entwicklungsteam an den Aufgaben des Sprint Backlogs und hält tägliche Meetings ab, um den Fortschritt zu besprechen und Hindernisse zu beseitigen. Am Ende des Sprints präsentiert das Entwicklungsteam das Ergebnis des Sprints und erhält Feedback.

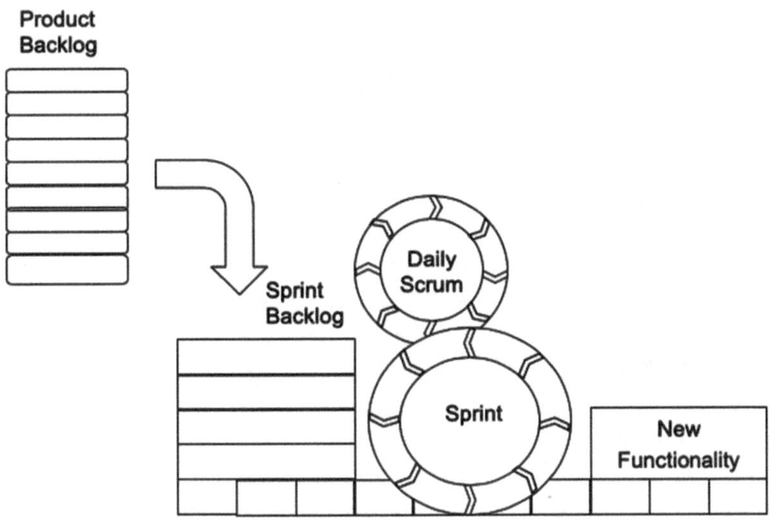

Abb. 6.5 **Scrum-Prozess.** (Quelle: [14, 15])

Die Methode wurde von den Softwareentwicklern Ken Schwaber und Jeff Sutherland weiterentwickelt [16]. So ist Scrum definiert als „ein Rahmenwerk, innerhalb dessen Menschen komplexe adaptive Aufgabenstellungen angehen können, und durch das sie in die Lage versetzt werden, produktiv und kreativ Produkte mit dem höchstmöglichen Wert auszuliefern".

In der Literatur findet sich eine unterschiedliche Anzahl der wichtigsten agilen Scrum-Werte. Nachfolgende fünf werden vom Großteil der Autoren genannt [15]:

1. Respekt
2. Mut
3. Selbstverpflichtung/Leistungsbereitschaft
4. Offenheit
5. Fokus

Die Mitglieder des Teams erwerben sich Respekt, indem sie Vertrauen im Team herstellen und sollten den Mut haben, einander im Team zur Rechenschaft zu ziehen. Die einzelnen Team-Mitglieder stellen sicher, dass das gesamte Team leistungsbereit ist. Große Offenheit im Team erlaubt, dass das Team einander zur Rechenschaft ziehen kann. Das Team achtet dabei auch sehr genau und fokussiert auf die Ergebnisse.

Die bekannteste agile Methode „Scrum" beinhaltet klar definierte Rollen, flache Hierarchien, kaum Regeln, schnelles Feedback, selbstorganisierte Teams und iterative Arbeitszyklen, den Sprints. Zur Durchführung von Scrum werden drei zentrale Rollen zugeteilt:

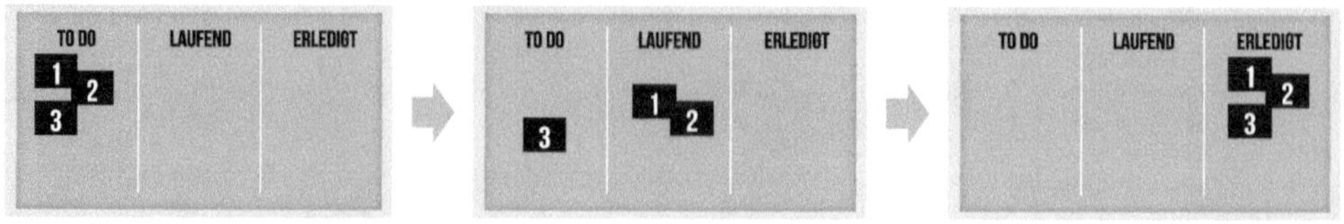

Abb. 6.6 **Scrum-Board** Scrum-Boards basieren auf KANBAN. (Quelle: eigene Darstellung)

Der **Product Owner,** Entwicklungsteam und Scrum Master. Der *Product Owner,* welcher die Anliegen u. a. der Kund*innen vertritt, priorisiert und aktualisiert die Auditanforderungen im Backlog und übernimmt die Verantwortung für den Erfolg.

Das **Entwicklungsteam arbeitet** selbstorganisiert und eigenständig zusammen und ist mit einem klar definierten Zeitrahmen für eine erfolgreiche Zielerreichung zuständig. Es arbeiten 5–9 Mitarbeiter*innen crossfunktional als Team zusammen.

Und zu guter Letzt gibt es den ***Scrum Master,*** der in seiner Rolle als Coach unterstützt, den Prozess leitet und dafür sorgt, dass alle Mitarbeiter*innen im Entwicklerteam ungestört und gezielt arbeiten können [17].

Die Dokumentation des Scrum-Fortschritts erfolgt mit einem Scrum-Board. Das *Scrum-Board* besteht aus drei Spalten und mehreren Kärtchen. In der Spalte *„To do"* finden sich Aufgabenstellungen auf den Kärtchen. Offensichtlich sind diese nicht prioritär und deswegen noch in dieser Spalte. In der Spalte „Laufend" werden die Kärtchen positioniert, deren Aufgabenbeschreibungen aktuell bearbeitet werden. In der Spalte *„Erledigt"* befinden sich die Kärtchen mit den fertig bearbeiteten Aufgaben. Die Abb. 6.6 visualisiert das Scrum-Board.

6.4 Kanban

Das ursprüngliche *Kanban*-System wurde 1947 von Taiichi Ōno in der japanischen Toyota Motor Corporation entwickelt. Ein Grund hierfür war die ungenügende Produktivität des Unternehmens im Vergleich zu US-amerikanischen Konkurrenten. Seitdem hat sich *Kanban* als eine agile Methode zur Optimierung von Prozessen und für schrittweises Veränderungsmanagement etabliert. Kanban beginnt immer mit dem aktuellen Status quo und setzt Veränderungen in kleinen Schritten nach und nach um. Daher kann Kanban jederzeit auf jeden Prozess angewendet werden und unterstützt beim Wandel.

Kanban kann in allen Bereichen einer Organisation eingesetzt warden [18]. und ist als Methode geeignet, Schnittstellen zwischen Qualitätsmanagement und anderen Abteilungen zu bedienen. Das Qualitätsmanagement kann sich diese Methode also auch im internen Auditmanagement zu Nutze machen und zur Verbesserung des Auditmanagements einsetzen [19].

Die Abb. 6.7 stellt beispielhaft ein solches *Kanban-Board* zum Auditmanagement dar [20].

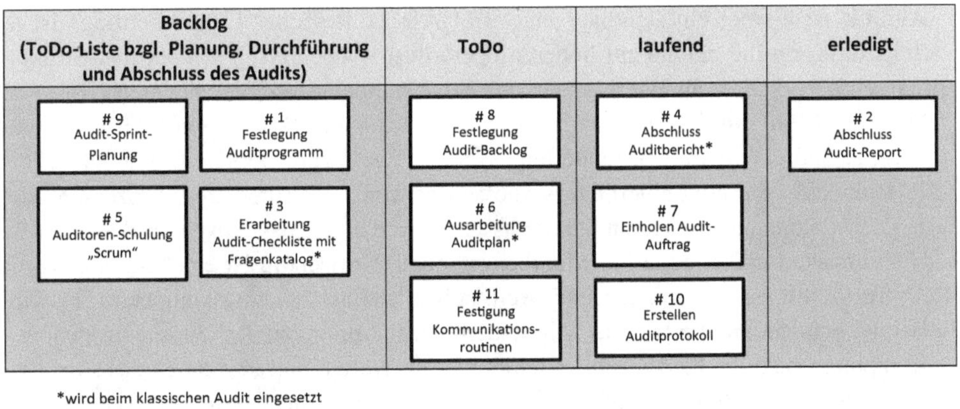

Abb. 6.7 Beispiellayout Kanban Board zum Auditmanagement. (Quelle: Eigene Darstellung)

Für die Einführung eines Kanban-Systems formulierte David Anderson (Kanban-Pionier) folgende Prinzipien [21]:

1. **Dort beginnen, wo das Unternehmen gerade steht.**
   Um Kanban einzuführen, müssen keine Bedingungen geschaffen werden. Vielmehr bewirkt Kanban den Wandel.
2. **Bestehende Strukturen und Methoden berücksichtigen.**
   Kanban stellt die bisherige Arbeitsweise nicht vollständig auf den Kopf. Es kann auf bestehende Rollen, Prozesse und Methoden aufgesetzt werden und diese ergänzen.
3. **Veränderungen evolutionär anstreben.**
   Es wird vereinbart, permanent kleine Verbesserungen der Arbeitsweise nach und nach umzusetzen.
4. **Alle Ebenen und Mitarbeiter*innen einbeziehen.**
   Die Methode muss von allen Mitarbeiter*innen verstanden, akzeptiert und mitgetragen werden. Jeder muss sich aktiv an dem Prozess beteiligen.

6.5 Erfolgsfaktoren agiler Methoden und Ausblick

Man kann eine agile Organisation mit einem Segelschiff unterwegs auf unbekannten Meeren mit unsicherer Wetterlage vergleichen: Das Team an Bord kann jederzeit und schnell den Kurs ändern. Es arbeitet dabei effizient, risikobewusst und vor allem hochmotiviert zusammen.

So ist **Motivation** die Basis und erfolgsentscheidend auf dem „Transformationsweg". Motivationstreiber dabei sind die sich grundlegend beschleunigenden Prozesse und die Digitalisierung im Gesundheitswesen und Krankenhaus.

Agilität ist hierbei ein ständiger und erfolgreicher Begleiter [22]. Allerdings ist es wichtig, dass Agilität bereits auf höheren operativen Ebenen (Kultur, Führung, Strukturen) ansetzt. Agilität ist als Wertesystem und Managementansatz zu realisieren [18].

Die **Durchführung** basiert auf der Kaizen-Philosophie. Der Kaizen-Begriff stammt aus dem Japanischen (*Kai* = Veränderung, Wandel; *Zen* = zum Besseren) und bezeichnet eine Denkweise, die kontinuierliche Verbesserung von Arbeitsabläufen, Prozessen oder auch Dienstleitungen mit jedem Iterationsschritt durch Retrospektiven fördert, sowohl bei Führungskräften als auch bei Mitarbeiter*innen. Notwendig ist ein Lenkungs-Kreis (Kern-Team, Strategie-Team, o. ä.) mit weitreichender Entscheidungskompetenz. Er wird zu Beginn gebildet und besteht aus Mitgliedern der Führung und des Umsetzungsteams.

Kombiniert man die Kaizen-Philosophie mit den Werten und Prinzipien des sog. Agilen Manifestes, erreicht man **Nachhaltigkeit** durch Reviews und Retrospektiven.

Die Abb. 6.8 stellt die Erfolgsfaktoren im Kontext des Transformationsprozesses dar.

Die Fähigkeit zur Anpassung ist eine zentrale Transformationsfähigkeit [23, 24]

Veränderungen des Gesundheitsmarktes, Ziele, Strategie und Initiativen müssen regelmäßig bewertet und angepasst werden, um nachhaltigen Erfolg zu gewährleisten und im Transformationsprozess zu bleiben.

Auch wenn bislang nur kleine Transformations-Erfolge in Krankenhäusern sichtbar sind: In den kommenden ein bis zwei Jahrzehnten ist ein grundlegender Wandel in Sicht. Das Digitale-Versorgung-Gesetz (DVG), welches am 19. Dezember 2019 in Kraft getreten ist, schafft gute Rahmenbedingungen für Innovationen und Investitionen. Apps auf Rezept z. B. für Patient*innen mit chronischen Erkrankungen, für die derartige App-Anwendungen einen hohen therapeutischen Wert haben können. Videosprechstunden einfach nutzen und überall bei Behandlungen auf ein sicheres Datennetz

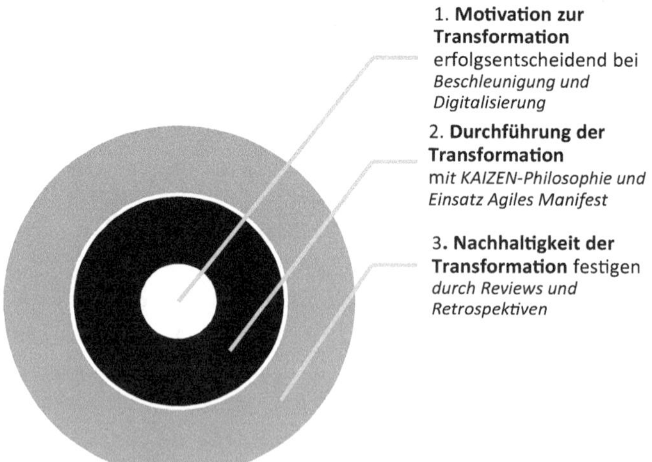

Abb. 6.8 Erfolgsfaktoren im Kontext des Transformationsprozesses. (Eigene Darstellung)

im Gesundheitswesen zugreifen können – das sind u. a. Ziele des „Gesetzes für eine bessere Versorgung durch Digitalisierung und Innovation".

Zugleich sind große Fortschritte bei der Einführung der nationalen elektronischen Patient*innenakte zu erwarten. Diese kann in einem zukünftigen „digitalen" Gesundheitssystem sämtliche Ärzt*innen und Kliniken miteinander vernetzen. In Österreich ist die Elektronischen Gesundheitsakte „ELGA" schon erfolgreich an den Start gegangen.

Literatur

1. Wildermann, H. (2018). Nur die Agilen werden überleben. https://www.welt.de/wirtschaft/bilanz/article177398860/Unternehmensfuehrung-So-funktioniert-Agiles-Management.html. Zugegriffen: 11. Okt. 2023.
2. Mintzberg, H. (1979). *The structuring of organizations: A synthesis of the research.* Prentice Hall.
3. Börchers, K. (2021). *Qualität, Effizienz und Patientenwohl im Krankenhaus.* Springer Gabler. https://doi.org/10.1007/978-3-658-31599-3_1.
4. Wilkesmann, M. (2016). Transformationsprozesse im Krankenhauswesen. In M. Richter & K. Hurrelmann (Hrsg.), *Soziologie von Gesundheit und Krankheit* (S. 353–368). Springer VS.
5. Goleman, D. (2011). *EQ -Emotionale Intelligenz* (22. Aufl., S. 56). Deutscher Taschenbuch Verlag.
6. Nufer, R. (2013). Emotionale Kompetenz bei Führungskräften als Erfolgsfaktor im Umgang mit Mitarbeiter*innenn. Master Thesis. Fachhochschule Nordwestschweiz, Hochschule für Angewandte Psychologie FHNW.
7. Nerdinger, F., Blickle, G., & Schaper, N. (2011). *Arbeits- und Organisationspsychologie* (2. Aufl.). Springer.
8. Beuth. DIN SPEC 77007:2018-08. Leitfaden Lean Services – Professionalisierung des Dienstleistungsgeschäfts. Beuth Verlag. https://www.beuth.de/de/technische-regel/din-spec-77007/290558067.
9. Lewin, K. (1952) Group decision and social change. In G. Swanson, G (Hrsg.), *Readings in social psychology: Prepared for the committee on the teaching of social psychology of the society for the psychological study of social issues.* Holt.
10. Kotter, J. P. (2007). Leading change. Why transformation efforts fail. *Harvard Business Review, 85*(1), 96–103.
11. Kotter, J. P. (1995). Leading change: Why transformation efforts fail. *Harvard Business Review, 3*(4), 95204.
12. Wikipedia. (2020). Scrum. https://de.wikipedia.org/wiki/Scrum. Zugegriffen: 16. Mai 2020.
13. Nonaka, I., & Takeuchi, H. (1995). *The knowledge-creating company – How Japanese companies create the dynamics of innovation.* Oxford University Press.
14. Schwaber, K. (2007). *The Enterprise and Scrum.* Microsoft Press.
15. Hofert, S. (2016). *Agiler führen – Einfache Maßnahmen für bessere Teamarbeit, mehr Leistung und höhere Kreativität.* Springer Gabler.
16. Schwaber, K., & Sutherland, J. (2017). Der Scrum GuideTM (S. 3). https://scrumguides.org/docs/scrumguide/v2017/2017-Scrum-Guide-German.pdf. Zugegriffen: 11. Jan. 2024.
17. Ehmann, B. (2019), Quick Guide Agile Methoden für Personaler. *So gelingt der Wandel in die agile Unternehmenskultur* (1. Aufl., S. 38).

18. Lang, M., & Scherber, S. (2015). *Agile Führung: Vom agilen Projekt zum agilen Unternehmen* (1. Aufl., S. 138). Symposion.
19. Yeret, Y. (2012). Kanban zur Verbesserung des Auditmanagements einsetzen. https://blog.planview.com/de/using-kanban-to-improve-audit-management/. Zugegriffen: 25. Juli 2023.
20. Weber, C. (2016). Masterarbeit: Qualitätsmanagement in der agilen Organisation – Anforderungen und Empfehlungen an einen Agilitätsförderlichen Managementansatz. https://www.projektmagazin.de/sites/default/files/inline/imported/articles/2017/1217-3/Masterarbeit_Weber%2CCornelius_DGQ.pdf. Zugegriffen: 9. Okt. 2023.
21. Anderson, D. J. (2011). *Kanban: Evolutionäres Change Management für IT-Organisationen Taschenbuch – 24. Januar 2011*. dpunkt.verlag GmbH.
22. van Solingen, R., van Lieshout, B., van der Waal, H.-J., Karsten, A., Reitenbach, C., & Bethien, M. (2020). *Agile Transformation: Organisationen strukturell beschleunigen und beweglicher machen*. dpunkt.verlag.
23. Hekkala, R., Stein, M. K., Rossi, M., & Smolander, K. (2017). Challenges in Transitioning to an Agile Way of Working. In Proceedings of the Hawaii International Conference on System Sciences. IEEE, S. 5869–5878.
24. Paterek, P. (2017). *Agile transformation in project organization: Knowledge management aspects and challenges*. Academic Conferences and Publishing International Limited.

Teil III

Auf dem Weg zum agilen Audit

Veränderung durch Projektagilität 7

„Agilität ist das Gegenteil von Planerfüllung, hat aber nichts mit Planlosigkeit zu tun. An die Stelle starrer Ziele treten viel mehr Visionen", (Horst Wildemann)" [1]. Werden agile Managementansätze in Projekten gewählt, ist die Erfolgsrate signifikant höher als bei plangetriebenen Projektansätzen (2) Als Gründe dafür werden mehr Partizipation, schnellere Entscheidungen und mehr selbstbestimmtes Agieren im Sinne von weniger Hierarchieabhängigkeit genannt. Eine geringere Planungs- und Führungsintensität ermöglichte in der Corona-Pandemie auch im Krankenhaus die schnellere Umsetzung von Projekten, eine hohe Anpassungsfähigkeit und große Eigenverantwortlichkeit.

7.1 Einleitung

Umfragen belegen, dass die Corona-Pandemie eine neue Dynamik bei Agilität und agilem Projektmanagement im Krankenhaus auslöste und sich dadurch auch tradierte Strukturen und Prozesse verändert haben [3] [4] [5].

Die Zukunft für das Agile Management im Krankenhaus ist nun herausfordernd: die Koordination zwischen agilen und nicht-agilen Teams muss gut bedacht werden, die Erfüllung der verschiedenen gesetzlichen Anforderungen und Normen des Qualitäts- und Auditmanagements ist sicherzustellen und ein Wertewandel herbeizuführen. Denn agiles Arbeiten basiert auf menschen-zentrierten Prinzipien und grundlegenden Aspekten wie Werte, Denkweisen, Kultur und Kompetenzen.

In diesem Zusammenhang ist die die ISO-Norm ISO 21502 „Leitlinien für das Projektmanagement" zu nennen. Sie enthält Konzepte, die durch verallgemeinerte Prozess- und Lebenszyklusmodelle für agile und adaptive Ansätze Raum schaffen. Sie ist auf jede Organisation und Projektart und somit auf „prädiktive, inkrementelle, iterative, adaptive oder hybride, einschließlich agiler Ansätze" anwendbar [6].

K. Börchers, *Agile Audits im Krankenhaus,* https://doi.org/10.1007/978-3-658-44339-9_7

Für das Gelingen komplexer Projekte braucht es Gestaltungsspielraum: Ausprobieren, Improvisieren, Lernen, Verantwortung übernehmen, mit dem Blick nicht nur auf die vereinbarten Leistungen, sondern auch darüber hinaus auf Zwecke, Nutzen, Chancen und Risiken des Projekts. Es braucht aber auch Gestalter und Führungskräfte, die wissen, welche Praktiken und Methoden am besten zum Kontext und zu den Anforderungen des Projekts passen und wie viel davon in einer konkreten Situation nötig sind.

Agile Führung heißt, andere zu inspirieren, die agile Denkweise in agile Praxis umzusetzen und dadurch Werte für Patient*innen und für die Einrichtung zu schaffen.

Auch im Audit wird agile Führung immer wichtiger. Der Alltag und die Auditwelt im Krankenhaus sind geprägt von unzähligen Herausforderungen für die Mitarbeiter*innen und Führungskräfte. Dazu gehören die ständige Erreichbarkeit und damit verbunden beispielsweise in Dienstzeiten nachts oder am Wochenende die 24/7-Verfügbarkeit von Informationen. Dabei beeinflussen die zunehmend kulturelle Vielfalt in der Mitarbeiterschaft sowie unterschiedliche Generationen mit unterschiedlichen Wertevorstellungen die Zusammenarbeit. Hinzu kommen ein oft schon ruinöser Wettbewerb um Patient*innen und Fachkräfte, wirtschaftlicher Druck und unsichere gesetzliche Rahmenbedingungen. Die zunehmende Digitalisierung hat Auswirkungen auf Arbeitszeit und Arbeitsort und fordert das Wissensmanagement und die Qualifizierung der Mitarbeiter*innen im Krankenhaus heraus. Anders als noch vor Jahren sind die Mitarbeiter*innen mit einer hohen Veränderungsdichte konfrontiert mit deutlich weniger Zeit, diese Veränderungen zu verarbeiten und zu bewältigen. So kommt es auf die Führung an.

Schnelles Entscheiden und agiles Handeln wird daher auch im Audit immer wichtiger. Das bedeutet, schnell auf Veränderungen reagieren zu können, zeitnah Entscheidungen zu treffen, sich an Veränderungen anpassen zu können und zügig und individuell auf Anliegen von Patient*innen, Mitarbeite*innen und Führungskräften reagieren zu können.

Projektagilität im Audit bedeutet in Konsequenz auch, neue Kooperationen zu denken und im Audit als Auditthema zu formulieren. „Zum Beispiel wurde das Auflösen von Abteilungen am Karolinska Hospitalet in Stockholm im Rahmen eines Neubaus und einer auf die Erfordernisse abgestimmten Digitalisierungsstrategie konsequent umgesetzt. Ein sogenannter *Pathway*-Kapitän, ein erfahrener Lean-Manager, verantwortet den gesamten Behandlungsprozess. Die komplette Prozessorientierung wurde auf oberster Leitungsebene entschieden. Das Ausgestalten, Definieren und Umsetzen wurde mittels eines breiten Konsenses in aktiver Mitbestimmung möglichst vieler Mitarbeiter*innen ermittelt. Charakteristisch für neue Behandlungsprozesse sind möglichst homogene Patientengruppen, striktes Messen von Qualität, gemeinsame multiprofessionale Verantwortung mit ständigem Hinterfragen des Erreichten und ein agiles Anpassen. Prozesse werden sektorübergreifend unter dem Gesichtspunkt einer optimalen vor- und nachstationären Versorgung weitergedacht".[7]

Agilität ist also ein Erfolgsfaktor für Auditor*innen, weil sie in einem komplexen Arbeitsumfeld noch handlungsfähiger und leistungsstärker sind. [8] Projektagil im Audit zu sein bedeutet, dass sich

- das Auditteam selbst organisiert und auch ohne Rücksprache Entscheidungen treffen kann,
- das Auditteam im Laufe des Audits immer wieder eigenständig überprüft und die Auditstrategie anpasst und erneuert, und
- Auditergebnisse in allen Auditphasen zeitnah zur Verfügung gestellt werden. [9]

Projektagilität im Audit bedeutet, dass Audits konsequent in einem vordefinierten agilen Rahmen beziehungsweise Vorgehensmodells geplant, durchgeführt und abgeschlossen werden. Solch ein Vorgehensmodell ist Scrum. [8] Scrum wurde entwickelt, um auf unvorhersehbare Projektverläufe flexibel zu reagieren. Dadurch können sich die Erwartungen und Anforderungen einzelner Stakeholder*innen (auch Kund*innen) spontan ändern oder erweitern. Der Umfang der zu erledigenden Auditarbeit kann spontan variieren und während des Auditverlaufs können neue Ideen entstehen oder neue Fragen aufgeworfen werden.

7.2 Aufbauorganisation des agilen Projektmanagements

Projektagilität im Krankenhaus bietet Flexibilität, Transparenz und kontinuierliche Verbesserung. Durch die regelmäßige Lieferung von Ergebnissen und das kontinuierliche Feedback können Projekte im Krankenhausumfeld noch effizienter und effektiver durchgeführt werden, wodurch die Qualität der Patientenversorgung und der organisatorischen Abläufe verbessert wird.

7.2.1 Aufbauorganisation des agilen Projektmanagements: Team, Rollen und Aufgaben

Das ***Scrum Projektteam*** ist eine selbstorganisierte Gruppe von maximal neun Personen und besteht aus einem Auftraggeber *(Product Owner),* einer Leitung *(Scrum Master)* und dem *Entwicklungsteam.*

Im Folgenden werden die Aufgaben im Scrum-Projektteam allgemein beschrieben.

- **Auftraggeber** *(Product Owner):* Verantwortlich für wirtschaftlichen Erfolg, vertritt Interessen der Anwender*innen/Stakeholder*innen/entscheidende Person bei der Ausrichtung des Teams auf die Bedürfnisse der Kund*innen und der Organisation. Durch eine effektive Zusammenarbeit mit dem Entwicklungsteam und den Stakeholder*innen wird ein erfolgreiches Projekt gewährleistet. Durch die Stakeholder*innen fließt die Anwendersicht in das Projekt ein.
  Aufgaben: Festlegung der Vision und -ziele, Priorisierung der Anforderungen und Erstellung des Backlog, Klarstellung der Anforderungen und Erwartungen gegenüber dem Entwicklungsteam, Kontinuierliche Abstimmung mit Stakeholder*Innen

und Kund*innen, Bewertung und Akzeptanz der abgelieferten Projektergebnisse. Für diese Rolle ist es wichtig, fachliches Know-how zu besitzen, um die Anforderungen zu verstehen und zu kommunizieren. Zudem verfügt der Product Owner über gute Kommunikationsfähigkeiten, um effektiv mit den Stakeholder*innen zu interagieren. Entscheidungsfähigkeit und eine starke Fokussierung auf den Kundennutzen sind ebenfalls relevant.

- **Leitung** (Scrum-Master): „Moderator" des Entwicklungsteams, sorgt für die Einhaltung der Regeln. Der Scrum Master fungiert als Coach und Facilitator, um ein produktives Arbeitsumfeld zu schaffen und Hindernisse zu beseitigen. Durch die Unterstützung und den Einsatz ermöglicht er dem Team, die Vorteile von Scrum voll auszuschöpfen und erfolgreiche Ergebnisse zu erzielen. Aufgaben: Sicherstellung der korrekten Anwendung von Scrum-Praktiken und Methoden, Unterstützung des Teams bei der Selbstorganisation und Erreichung der Sprint-Ziele, Entfernen von Hindernissen, die den Fortschritt des Teams behindern, Koordination von Scrum-Meetings wie dem Daily Scrum, der Sprint-Planung und der Retrospektive, Förderung einer produktiven und kollaborativen Arbeitsumgebung. Der Scrum Master verfügt über ein tiefes Fachwissen über Scrum und agile Praktiken und Methoden. Als Facilitator und Coach besitzt er die Fähigkeit, das Team zu unterstützen und zu befähigen. Eine ausgeprägte Konfliktlösungskompetenz und die Fähigkeit, „dienend zu führen", sind ebenfalls wichtige Eigenschaften.
- **Entwicklungsteam:** Selbst organisierte Gruppe, zuständig für Entwicklungsaufgaben. Das Entwicklungsteam besteht aus den Fachleuten, die für die Entwicklung und Umsetzung des Projektauftrages verantwortlich sind. Das Entwicklungsteam ist selbstorganisiert und multifunktional, was bedeutet, dass es alle erforderlichen Fähigkeiten besitzt, um erfolgreich zu arbeiten und zu entwickeln. Aufgaben: Umsetzung der Anforderungen, Aufteilung der Arbeit in kleinere Aufgaben und Schätzung des Aufwands, Selbstorganisation und Verantwortung für die Erfüllung der Sprint-Ziele, enge Zusammenarbeit und stetiger Austausch im Team, Aktive Teilnahme an Scrum-Meetings und kontinuierliche Verbesserung der Arbeitsweise. Als Entwickler*innen sind fachliche Expertise und Teamfähigkeit von großer Bedeutung. Sie sind in der Lage, effektiv im Team zu arbeiten und ihr Fachwissen einzubringen. Selbstorganisation, Verantwortungsbewusstsein und die Bereitschaft zur kontinuierlichen Verbesserung sind weitere wichtige Charaktereigenschaften.

Der Ablauf folgt typischerweise einem iterativen und inkrementellen Ansatz. Agile Projekte werden in Sprints oder Iterationen unterteilt, in denen bestimmte Arbeitspakete abgeschlossen werden. Der Ablauf kann je nach angewandter agiler Praktik bzw. Methode variieren. In der Regel stellt sich aber die Ablauforganisation wie im folgenden Kapitel dargestellt dar.

7.3 Ablauforganisation des agilen Projektmanagements: Projektvorbereitung und Planung

Wie im klassischen Projektmanagement wird kein Projekt ohne Auftrag gestartet. Nach Beauftragung werden die Ziele und Anforderungen festgelegt und ein interdisziplinäres Scrum-Projektteam benannt. Es werden die Sprint-Länge und der Zeitrahmen für das gesamte Projekt festgelegt.

Der Auftraggeber *(Product Owner)* erstellt das *Backlog,* eine priorisierte Liste von Funktionen, Aufgaben oder Verbesserungen, die im Laufe des Projekts umgesetzt werden sollen. Das Backlog kann kontinuierlich aktualisiert werden. Das Sprint-Backlog beinhaltet dagegen alle für den nächsten Schritt beauftragten Features. Es geht dabei um die Aufteilung der Arbeitspakete in kleinere Pakete, die Zuteilung der Teammitglieder und die Dokumentation.

Der Auftraggeber *(Product Owner)* erklärt die priorisierten Elemente im *Backlog* und das Entwicklungsteam wählt aus, welche Elemente im aktuellen Sprint umgesetzt werden sollen.

Es legt die Ziele des Sprints fest und plant, wie die ausgewählten *To Dos* umgesetzt werden sollen. Der Sprint ist ein ungestörter Entwicklungszyklus zur Umsetzung eine Arbeitspaketes mit laufender Iteration und zeitlicher Begrenzung. Am Ende steht ein akzeptables Zwischenergebnis.

Das Entwicklungsteam arbeitet an der Umsetzung der ausgewählten Elemente während des Sprints. Tägliche kurze Stand-up-Meetings finden statt, in denen jedes Teammitglied den Fortschritt, Herausforderungen und Unterstützungsbedarf teilt. Am Ende des Sprints findet eine Sprint-Review statt, in der das Team die umgesetzten Elemente präsentiert. Der Auftraggeber (Product Owner) und andere Stakeholder*innen geben Feedback zu den Ergebnissen.

Nach der Sprint-Review finden eine Sprint-Retrospektive und ein Report statt, in denen das Team reflektiert, was gut gelaufen ist und was verbessert werden kann. Das Team identifiziert mögliche Anpassungen für den nächsten Sprint. Der Ablauf wiederholt sich für weitere Sprints, wobei das Team kontinuierlich an der Umsetzung der Elemente im Backlog arbeitet. Das Entwicklungsteam passt seine Arbeitsweise und Prioritäten basierend auf den Ergebnissen und dem Feedback aus den vorherigen Sprints an.

Das Projekt endet, wenn alle Elemente im Backlog umgesetzt sind oder wenn das Projektziel erreicht wurde. Eine abschließende Bewertung und Nachbesprechung des Projekts können stattfinden, um Erfahrungen zu teilen und mögliche Verbesserungen für zukünftige Projekte zu identifizieren.

7.4 Beispielprojekte Agiles Krankenhaus

Die IT fällt aus, ein Bauprojekt in der Radiologie ist kurz vor dem Abschluss, die Kostenträger sind wieder am Verhandeln … eigentlich reagieren doch Krankenhäuser schon immer spontan und agil, oder nicht? Wofür wird denn dann Projektagilität benötigt? Ein Beispiel: Wer ist eigentlich für die Inbetriebnahme einer neuen Anmeldesoftware am Check-in zuständig: Die IT-Abteilung oder die Leitung des Check-in? Allein eine solche alltägliche Frage kann mehrere Mitarbeiter*innen im Krankenhaus über Wochen beschäftigen, ohne dass es zu einer Problemlösung kommt. [10]. Dieses Vorgehen kann sich in Zeiten der Digitalisierung und Beschleunigung wohl kein Krankenhaus mehr leisten.

Projektagilität ist daher unter Einsatz agiler Methoden wie Scrum oder Kanban wichtig. Kennzeichen sind der iterative Ansatz, bei dem in kurzen Abständen (Teil)-Ergebnisse geliefert werden und ein schnelles Feedback von Stakeholder*innen, Mitarbeiter*innen, Kund*innen und dem Scrum-Projektteam erfolgt. So kann schnell auf geänderte Anforderungen reagiert werden.

Soll also beispielsweise eine neue Anmeldesoftware eingeführt werden, müssen die Anmeldeprozesse umgestellt werden. Um die Umstellung gewährleisten zu können, ist auf eine fundierte Planung, durchdachte Schulungen, reibungslose Datenmigration und ein perfekt getaktetes Roll-out zu achten. Hier greift die Strategie der iterativen Einführung. Diese beinhaltet die schrittweise Umsetzung einer neuen Software. Hierbei werden das vorhandene und das neue System eine gewisse Zeit parallel geführt. Außerdem lassen sich die Komponenten der neuen Software einzeln bereitstellen. Eine Testphase mit einer kleinen Gruppe von Anwendern ist eine ratsame Methode, um die Einführung für alle Mitarbeiter*innen mithilfe der gesammelten Erfahrungen zu optimieren. Regelmäßige Schulungen erleichtern zudem den Übergang.

Ein weiteres Beispielprojekt sind die **Frankfurter Rotkreuz-Kliniken,** die berichten, welche Veränderungskraft Projektagilität hat.

„Den Anfang machte ein „Leitungskreis der Veränderung“ – ein Veränderungsteam. Dieses bestand aus der Geschäftsführung, Abteilungsleitern und Chefärzten. Im Grunde widerspricht dies agilen Führungsprinzipien. Die Kunst besteht aber genau darin, Prinzipien einer Organisation zu respektieren und kooperativ zu nutzen, um so Veränderungsimpulse zu setzen. Konkret: Die Hierarchie ist in die Verantwortung zu nehmen, einen Diskurs einzuleiten, abzubauen und die Teamorientierung aufzubauen. Definiert wurden im ersten Jahr fünf Hauptveränderungsprojekte: Digitalisierung, strategische Personalentwicklung, Leistungssteigerung, medizinische Qualitätssteuerung und ein patientenorientiertes Versorgungskonzept … Wichtige Lektion bisher: Trotz optimalen Projektmanagements und -verlaufs können kritische Momente eintreten, wie die Insolvenz eines Technikausstatters. Mit solchen Unsicherheiten muss man umgehen können. Auch das ist gelungen, inklusive der Erkenntnis, dass es immer Unsicherheiten gibt, die dazu da sind, Lösungen zu entwickeln.“ [11].

Resümierend zieht die Einrichtungsleitung unter dem Motto „Abenteuer Agilität" eine positive Bilanz. Die Teamorientierung sei gestärkt worden, das Silodenken abgebaut, das Verständnis für andere Berufsgruppen erhöht und die Erkenntnis gestärkt, dass nur durch eine Vernetzung aller Kompetenzen die richtige und gute Lösung erarbeitet werden könne. Auch die Haltung habe sich hin zur Kompetenz- und Lösungsorientierung, Innovationskraft und einem vertrauensvollen, offenem Dialog – Fehlerkultur inbegriffen – verändert. Das „Abenteuer Agilität" ist noch nicht zu Ende. Es gehe weiter und würde viele neue Wege eröffnen.

Die Tab. 7.1 fokussiert am Beispiel der Digitalisierung, der Personalentwicklung, der Leistungssteigerung (auch chefarzt-orientiert), des Medizincontrollings und des Patientenwohls die Veränderungen durch Projektagilität im Krankenhaus unter Einbeziehung der Mitarbeiter und Wissensträger (Quelle [11]).

Tab. 7.1 Veränderungen durch Projektagilität im Krankenhaus. (Quelle [11])

Fokus	Veränderungen durch Projektagilität im Krankenhaus
Digitalisierung	• Durchführung Prozessanalysen zum Thema **"Papierlos in die neue Zeit".** • Einrichtung neue Infrastruktur zur Erfüllung aller technischen Bedingungen für die Digitalisierung mit Berücksichtigung wichtiger Sicherheitsaspekte. • Schaffung digitales Langzeitarchiv und eines Dokumentenmanagements als Grundlage für die digitale Patientenakte.
Personal-entwicklung	• Entwicklung Diagnoseinstrument zur Übersicht über die Personalbedürfnisse und -bedürfnisse mit **„Zahlencockpit"** • Etablierung Talentmanagement mit Identifikation von Leistungs- und Qualifikationspotenzialen und Erstellung spezifischer **„Talentpfade".** • Optimierung interne Fort-und Weiterbildung mit Start eines Projektes zur Modernisierung der Pflegeschule.
Leistungs-steigerung (auch chefarzt-orientiert)	• Aufbau innovatives Einweiser-Management • Einsatz digitales Marketing • Kontinuierliche Profilschärfung der Fachabteilungen • Durchführung erlöswirksamer Maßnahmen
Medizin-controlling	• Durchführung innovative Personalplanung bzgl. Kapazität und Aufgaben mit Aufgabenorganisation und Strukturierung bei Kodierung, Fallbegleitung und Fallprüfung • Optimierung abteilungsübergreifende Zusammenarbeit, u.a. bzgl. MBEG nach § 301 SGB V, Konvertermeldungen und offenen Posten • Erreichen optimale Erlössicherung durch digitale Infrastruktur (u.a. digitale Patientenakte, E-Archiv)
Patientenwohl	• Etablierung neues Konzept der Speisen- und Getränkeversorgung mit **Hotelcharakter** durch Einsatz von **„Regenerationsküchen"** auf den Stationen

Die **Etablierung agiler Pflegestrukturen** im Krankenhaus ist ein aktuelles Thema und ein weiteres Beispielprojekt für die erfolgreiche Anwendung agiler Projektmanagementmethoden im Krankenhaus [12].

Im Folgenden wird beispielhaft und zusammenfassend ein **Erfahrungsbericht** dargestellt:

Es ist ca. 9.00 Uhr im Klinikum. Jeden Morgen versammeln sich im Stationszimmer des Pflegedienstes alle Berufsgruppen an einem **Besprechungsboard.** Der projektverantwortliche Stationsleiter achtet genau darauf, dass Pünktlichkeit von Anfang an eine Frage des Respekts gegenüber den anderen ist, also sind auch alle Berufsgruppen da. Jetzt können alle patient*innenrelevanten Themen strukturiert und systematisch besprochen werden. Das Ziel ist es, alle Informationen direkt am Besprechungsboard auszutauschen. Wenn etwas unklar ist, kann sofort nachgefragt werden und die Tagesplanung zur Patientenversorgung kann störungsfrei erfolgen. Daher ist eine offene und patient*innenzentrierte Kommunikation entscheidend für ein agiles Krankenhaus. Agile Pflege impliziert jedoch auch, dass die Berufsgruppe mehr Verantwortung übernimmt und beispielsweise auch die Möglichkeit hat, sich selbst zu organisieren, z. B. durch die **Einführung der autonomen Dienstplangestaltung.** Pflegekräfte erstellen ihre Dienstpläne eigenständig.

Diese Beispielprojekte zeigen, wie erfolgreich Projektagilität im Krankenhaus sein kann.

Voraussetzung allerdings ist die Etablierung einer sog. agilen Kompetenz. Das bedeutet, dass es neben einer Kenntnis von agilen Praktiken und Methoden eine Zusammenarbeits- und Vervollkommnungskultur gibt, die auf der Umsetzung agiler Werte und des Mindset basiert.

Es ist immer zielführend, mit einem Pilotprojekt zu starten. Kleine Teams arbeiten dann mit Entscheidungsbefugnis und agilen Methoden wie Scrum an der Problemlösung und können auf eigene flexible finanzielle Ressourcen zurückgreifen. Die Abb. 7.1 stellt den Ablauf in 5 Schritten dar.

Zusammenfassend hat Projektagilität folgende Vorteile:

1. **Die Mitarbeiter*innenmotivation steigt**
   Durch die Einbeziehung der Kund*innen (Patient*innen) und des Teams in den Projekt- und Verbesserungsprozess steigt die Wahrscheinlichkeit, dass die Ergebnisse ihren Bedürfnissen entsprechen. Dies führt zu einer höheren Zufriedenheit. Das Konzept der kontinuierlichen Verbesserung ist ein Kernaspekt des agilen Projektmanagements. Das Team reflektiert regelmäßig über den Projektfortschritt, lernt aus Erfahrungen und passt die Vorgehensweise an, um die Effizienz und Wirksamkeit zu erhöhen.
2. **Durch neue, verbesserungsorientierte Denkweisen steigt auch das Patientenwohl**
   Agiles Projektmanagement betont die Bedeutung der kontinuierlichen Ausrichtung auf die Bedürfnisse und Anforderungen der Kund*innen, in diesem Fall vor allem

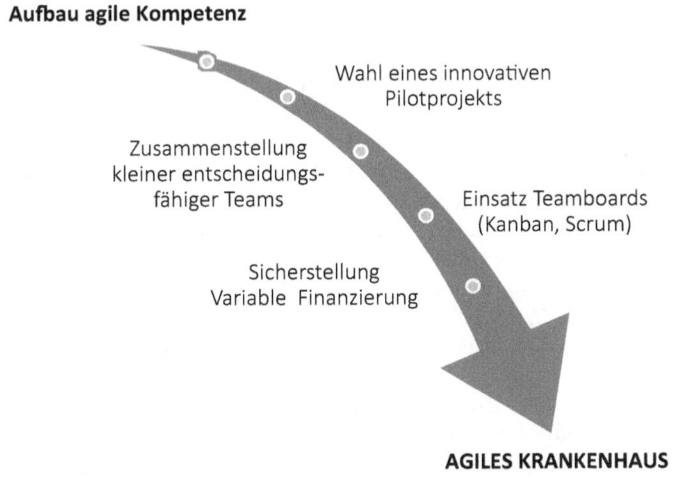

Abb. 7.1 Schritte auf dem Weg zum agilen Krankenhaus. (Quelle: Eigene Darstellung)

der Patient*innen und des Krankenhauspersonals. Durch regelmäßiges Feedback und enge Zusammenarbeit mit den Interessengruppen kann das Projektteam sicherstellen, dass die Ergebnisse den Erwartungen entsprechen.

3. **Es entsteht ein Wissenstransfer innerhalb agiler Teams**
   Agile Projekte werden in kleinere, überschaubare Schritte oder Iterationen unterteilt (Sprints). Dies ermöglicht es, das Projekt schrittweise voranzutreiben und schnell auf Veränderungen zu reagieren.
4. **Entscheidungen werden schneller getroffen**
   Agile Projekte konzentrieren sich darauf, frühzeitig und kontinuierlich Mehrwert zu liefern. Wichtige Funktionen oder Verbesserungen werden zuerst umgesetzt, sodass die Projektergebnisse schnell genutzt werden können.
5. **Agile Organisationen können schneller auf plötzlich eintretende Ereignisse reagieren**
   Agile Projekte sind darauf ausgelegt, auf Veränderungen zu reagieren, sei es bei den Anforderungen, Prioritäten oder Technologien. Dies ermöglicht es, sich den sich ändernden Bedürfnissen im Gesundheitswesen anzupassen.
6. **Hierarchiedenken löst sich durch eine kontinuierliche Transparenz und Kommunikation langsam auf**
   Transparenz ist ein zentraler Wert im agilen Projektmanagement. Alle Projektbeteiligten haben Zugriff auf Informationen über den Projektfortschritt, Herausforderungen und Erfolge. Regelmäßige Meetings und Berichterstattung fördern die offene Kommunikation. Die Teammitglieder arbeiten eng zusammen, um Probleme zu lösen und Entscheidungen zu treffen, anstatt auf eine hierarchische Anweisung zu warten, arbeiten also selbstorganisiert.

Literatur

1. Wildermann, H. (2018): Nur die Agilen werden überleben. Im Internet unter: https://www.welt.de/wirtschaft/bilanz/article177398860/Unternehmensfuehrung-So-funktioniert-Agiles-Management.html (Zugriff am 11. Oct. 2023).
2. The Standish Group (2015): Chaos Report. Im Internet unter: https://www.standishgroup.com/sample_research_files/CHAOSReport2015-Final.pdf (Zugriff am 11. Oct. 2023).
3. KU-Gesundheitsmanagement (2021): Pandemie als Testlauf für das agile Krankenhaus. Im Internet unter: https://ku-gesundheitsmanagement.de/2021/09/14/pandemie-als-testlauf-fuer-das-agile-krankenhaus/ (Zugriff am 23. Sept. 2023).
4. Konnegen, Isabelle (2022): Agilität: So könnte das Krankenhaus der Zukunft aussehen. In: PraktischArzt, im Internet unter: https://www.praktischarzt.de/magazin/arbeitgeber/agilitaet-so-koennte-das-krankenhaus-der-zukunft-aussehen/ (Zugriff am 23. Sept. 2023).
5. Thieme kma Online (2019): Uniklinik Schleswig-Holstein untersucht Agilität im Kliniksektor. Im Internet unter: https://www.kma-online.de/aktuelles/management/detail/uniklinik-schleswig-holstein-untersucht-agilitaet-im-kliniksektor-a-42064 (Zugriff am 23. Sept. 2023).
6. International Standards Organization (2020): ISO 21502:2020–12. Project, programme and portfolio management - Guidance on project management. Im Internet unter: http://hmoftakhari.com/userfiles/ISO%2021502/ISO%2021502_2020(en)-%20PQP.pdf (Zugriff am 11. Oct. 2023).
7. Reuter-Herkner, C. (2020): Unternehmenskultur: Wie agiles Arbeiten Mitarbeitende zufriedener macht. In: Deutsches Ärzteblatt 3/2020, im Internet unter: https://www.aerzteblatt.de/archiv/211898/Unternehmenskultur-Wie-agiles-Arbeiten-Mitarbeitende-zufriedener-macht (Zugriff am 23. Sept. 2023).
8. Freyth, A. (2019): Persönliche Veränderungskompetenz und Agilität stärken. Praxisleitfaden für Mitarbeiter und Führungskräfte. Springer Gabler, S.155.
9. Kuster, J., et al. (2019). *Handbuch Projektmanagement* (S. 12). Agil – Klassisch – Hybrid. Heidelberg: Springer.
10. Pawelek, A. (2019): Agiles Management im Krankenhaus – ein Hype mit Folgen? In: Das Krankenhaus der Zukunft. Der Fachblog, im Internet unter: https://das-krankenhaus-der-zukunft.de/agiles-management-im-krankenhaus-ein-hype-mit-folgen/ (Zugriff am 11. Oct. 2023).
11. Friers, M./Heye, C. (2021): Ein Jahr „Abenteuer Agilität". In: Health&Care Management, im Internet unter: https://www.hcm-magazin.de/ein-jahr-abenteuer-agilitaet-264116/ (Zugriff am 23. Sept. 2023).
12. Heeser, A. (2023): Auf dem Weg in agile Pflegestrukturen. In: Thieme kma Online, im Internet unter https://www.kma-online.de/aktuelles/pflege/detail/auf-dem-weg-in-agile-pflegestrukturen-49198 (Zugriff am 23. Sept. 2023). Erstmalig erschienen im CNE.magazin Ausgabe 1/2023.

8 Innovationskraft durch Design Thinking

Im Gegensatz zur Veränderung durch Projektagilität ist Design Thinking ein Ansatz, der sich an den Bedürfnissen des Nutzers orientiert und Innovationen fördert. Es ist ein kreativer Prozess, der dazu dient, Probleme zu lösen und neue Ideen zu finden. Um eine erfolgreiche Innovationsstrategie zu entwickeln, können Design Thinking und Agilität aber auch zusammenarbeiten. Und um schnell auf sich ändernde Marktbedürfnisse zu reagieren, kann Design Thinking in einem agilen Rahmen auch integriert werden.

Mit der Methode Design Thinking können – entweder eingebettet in eine übergeordnete Agilisierungsstrategie oder auch einzeln – innovative Herausforderungen wie die Optimierung von Patientenprozessen (z. B. Effizienzsteigerung oder Digitalisierung) gemeistert werden. Mitarbeiter*innen und Patient*innen können im Krankenhaus deutlich von erfolgreichen Design Thinking-Projekten mit ihrer Fokussierung auf Patientennähe profitieren [4]. Beispiele sind das Patientenmanagement und die Dokumentation, z. B. durch digitale Innovation und Transparenzsteigerung; Verbesserung von Patientenservices, was die Zufriedenheit erhöht und Stress reduziert; Planung von neuen Stationen, Gebäuden oder ganzen Kliniken (inklusive architektonischer Anforderungen), in die Patient*innen von Beginn an mit einbezogen werden.

8.1 Einleitung

Krankenhäuser brauchen im Zeitalter der Digitalisierung ein innovatives Management und versierte Qualitätsmanager*innen. Wer innovativ sein will, muss ausgetretene Pfade verlassen und schnell Lösungen finden können. Qualitätsmanager*innen und Auditor*innen müssen aber nicht nur selbst innovativ sein, sondern auch die Mitarbeiter*innen darin unterstützen. Dabei hilft *Design Thinking.*

K. Börchers, *Agile Audits im Krankenhaus,* https://doi.org/10.1007/978-3-658-44339-9_8

Design Thinking gilt mittlerweile als die weltweit führende Innovationsmethode und wirkt auch im Gesundheitswesen. Es entstand in Deutschland in den 1920er Jahren. Das Bauhaus wurde von Walter Gropius in Weimar und später in Dessau gegründet und war der erste Versuch, verschiedene Disziplinen zu kombinieren. Der British Design Council verfeinerte diese Ansätze in den 1960er Jahren. Design Thinking ist ein Ansatz, der sich an den Bedürfnissen des Nutzers orientiert und sich auf die Entwicklung von Innovationen konzentriert. Es ist ein kreativer Prozess, der Probleme löst und neue Ideen schafft.

Es erfordert sicher Mut, in einem frühen Stadium neue Lösungswege auszuprobieren und das Feedback von Patient*innen und Mitarbeiter*innen einzuholen. So entstehen aber – ohne lange und frustrierende Diskussionen – Lösungen, die zum einen für alle Beteiligten akzeptabel sind und zum anderen konsequent die Patient*innenperspektive im Blick haben. Die prototypenbasierte Projektarbeit fördert nicht nur schnelles Feedback, sondern auch eine nachhaltige Teamentwicklung in Verbesserungsprozessen – eine der zentralen Grundvoraussetzungen für ein erfolgreiches und agiles Management im Krankenhaus [1].

Das Design Thinking ist ein agiler Kreativprozess, der sich an den Bedürfnissen des Anwenders orientiert. Um Lösungen im Team zu erarbeiten, soll so viel kreatives Potenzial wie möglich freigesetzt werden. Deshalb greift das Design Thinking auf zahlreiche Kreativmethoden aus dem Design-Bereich zurück. Einige der am häufigsten verwendeten kreativen Techniken im Design Thinking sind das

- Brainstorming: Eine spontane Methode, bei der eine Gruppe von Personen Ideen zu einem bestimmten Thema sammelt;
- Mind Mapping: Eine Methode, bei der Ideen und Konzepte in einer visuellen Struktur organisiert werden;
- Rapid Prototyping: Eine Methode, bei der schnell und kostengünstig Prototypen erstellt werden, um Ideen zu testen.

Die folgenden zwei bekannten Erfolgsgeschichten aus der Medizintechnik zeigen das Potenzial von Design Thinking.

Beispiel: Babyinkubator – Embrace [5]

Die Entwicklung des Babyinkubators Embrace ist ein weiteres, bewegendes Beispiel für sinnhafte und nutzerzentrierte Produktentwicklung und nachhaltige Problemlösung. Jedes Jahr werden 20 Mio. Babys zu früh oder mit einem Mangel an Gewicht geboren. Im Jahr 2008 untersucht eine Gruppe von Studenten am Stanford Institute of Design das Problem der hohen Kindersterblichkeit von Neugeborenen in Entwicklungs- und Schwellenländern im Rahmen des Projekts Entrepreneurial Design for Extreme Affordability. Das Team hatte die größte Herausforderung, einen Babyinkubator zu entwickeln, der zu früh geborene Kinder in Schwellenländern vor Unterkühlung schützen sollte. Gleichzeitig sollte der neue Babyinkubator um ein Vielfaches günstiger sein als ein herkömmlicher, hochtechnisierter Babyinkubator im Krankenhaus und somit für Menschen in diesen Ländern erschwinglich sein. In Nepal sprach das Team mit Ärzten, Krankenschwestern, Müttern und Mitarbeitern des Krankenhauses. Es wurde festgestellt, dass Mütter in ländlichen Gebieten aufgrund der oft fehlenden Infrastruktur in Entwicklungs- und Schwellenländern häufig nicht in der Lage sind, während des Geburtsprozesses schnell genug zum Krankenhaus zu gelangen. Der Inkubator Embrace, der nach zahlreichen klinischen Tests und Designentwürfen entwickelt wurde, ist kleiner, flexibler, mobil und deutlich preiswerter. ◀

Beispiel: MRT-Geräte für Kinder [5]

Doug Dietz arbeitete als Industrial Designer für General Electric Healthcare seit über 20 Jahren. Eines Tages musste er selbst ein kleines Mädchen in ein von ihm gestaltetes MRT-Gerät führen. Das Mädchen hatte so viel Angst vor dem technischen Gerät und weinte so viel, dass dieses Ereignis Doug langfristig beeinflusst hat. Doug besuchte einen Workshop zu Human Centered Design an der Stanford University. Er konnte sich durch zahlreiche Beobachtungen, den Austausch mit anderen Experten und die Inspiration durch andere Fachleute allmählich besser in die spezielle Nutzergruppe Kinder einfühlen. Seitdem hat er an der Entwicklung der „Adventure Series" für MRT-Geräte gearbeitet. Sein bekanntester Prototyp ist ein MRT-Gerät, dessen Design einem Piratenschiff ähnelt. Anstelle der Angst vor einer ungewissen Untersuchung erleben die Kinder nun eine interaktive Piratenreise. Neben General Electric Healthcare haben auch andere Unternehmen wie Philips Healthcare MRT-Erlebniswelten im Angebot. ◀

8.2 Ziel und Vorgehen des Design Thinking

Das Ziel von Design Thinking ist immer, Innovation zu schaffen.

Im Design Thinking gibt es sieben Phasen, die von der Problemfindung bis zur Konzeption mit Implementierung einer geeigneten Lösung ablaufen. [3].

1. **Verstehen:** Problem der Zielgruppe festlegen; welche Herausforderungen gibt es?
2. **Beobachten:** Intensive Auseinandersetzung mit den Nutzern in ihrem Umfeld durch z. B. Interviews, Gespräche, Tests
3. **Point of View definieren:** Beobachtungen zusammentragen, Insights entwickeln und Sichtweisen formulieren
4. **Ideen entwickeln:** Neue Ideen durch kreative Prozesse entwickeln (Brainstorming, Mindmapping etc.)
5. **Prototypen kreieren:** Beste Ideen durch Prototypen veranschaulichen
6. **Testen:** Prototypen direkt mit der Zielgruppe testen und anschließend optimieren oder verwerfen, wenn eine Idee z. B. bei Patient*innen oder Mitarbeiter*innen nicht

ankommt. Es werden so lange Prototypen erstellt und getestet, bis die Kund*innen von einer Idee begeistert sind
7. **Implementieren:** Veränderungen sind gewollt mit Akzeptanz bei Mitarbeiter*innen und dem Management; Etablierung einer Fehlerkultur. Es gibt keine Berührungspunkte mit den tatsächlichen Nutzern bzw. Anwendern, eine direkte Einbindung in den Design-Thinking-Prozess ist jederzeit möglich.

Am Ende des Prozesses steht eine klare und innovative Idee, die umgesetzt werden kann. Abb. 8.1 visualisiert den Design-Thinking-Prozess.

Das Design-Thinking-Projekt startet mit der **sog. Design Challenge.**

Ähnlich wie in der Forschung geht es zunächst um die „Forschungsfrage". Sie ist eine Innovationsaufgabe, die als Herausforderung dient, um Ideen zu entwickeln. Es geht um die Ausgangshypothese, Fragestellung oder Problemstellung, die zu Beginn mit dem Team definiert wird. Eine gut formulierte Design-Challenge ist eine, die weder eine Lösung noch eine Einschränkung enthält. Daher ist sie nicht eine Frage, sondern ein konkreter Arbeitsauftrag. Die Erstellung einer User Story, die Bedürfnisse und Ziele diesbezüglich beschreibt, kann hier bei der Formulierung unterstützen und ist eine Möglichkeit, die Design-Challenge einfach zu definieren. Es schließt dann der Design-Thinking-Prozess an, s. a. Abb. 8.1.

Design Thinking bedeutet auf das Krankenhaus übertragen, die Perspektive der Menschen einzunehmen, die in einem Krankenhaus arbeiten (Mitarbeiter*innen) oder versorgt werden (Patient*innen). Die Anwendung von Design Thinking gelingt in vielen Bereichen des Krankenhauses [2]. Im Folgenden sind drei Beispielprojekte speziell für das Krankenhausumfeld aufgeführt.

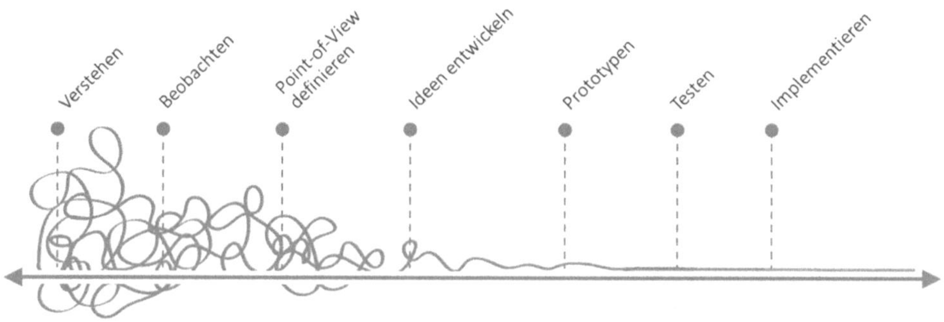

Abb. 8.1 Design-Thinking-Prozess. (Quelle: Eigene Darstellung)

8.3 Beispielprojekte für Design Thinking im Krankenhaus

Im Gesundheitswesen kann Design Thinking dazu beitragen, die Patient*innenerfahrung zu verbessern und die Effizienz von Krankenhäusern zu steigern.

Ein Beispielprojekt für Design Thinking im Krankenhaus ist das Rotterdam Eye Hospital, das in den letzten zehn Jahren seine Einrichtung von einer funktionsgetriebenen Reparaturwerkstatt in einen hellen und wohligen Ort verwandelt hat [7]. Die Führungskräfte des Krankenhauses haben Design Thinking genutzt, um die Erfahrung der Patient*innen zu verstehen und ihre Ängste zu reduzieren. Sie haben auch Ideen innerhalb und außerhalb des Gesundheitswesens gesammelt, um den Service des Krankenhauses zu verbessern. Ein Ergebnis war die „To the Eye Hospital"-App, die Kinder auf ihren Aufenthalt im Krankenhaus vorbereitet und ihnen hilft, ihre Angst vor dem Krankenhausaufenthalt zu verlieren. Usertests waren ausschlaggebend für den Erfolg des Programms, da sie halfen, die Konzepte zu verfeinern und die Entscheidungsträger von den Ideen zu überzeugen. Durch niedrigschwellige Prototypen konnten die Projektmitarbeiter testen, wie die entwickelten Ideen in der Praxis funktionierten und daraus weiter lernen. Diese kleinen Experimente waren informeller Natur und der Übergang zur formellen Adaption war eher graduell. Wenn eine Idee funktionierte, fragten andere Gruppen früher oder später, ob sie es auch versuchen könnten, und so verbreiteten sich die besten Ideen organisch.

Die Kinderambulanz des Landeskrankenhaus-Universitätsklinikums Graz ist eine Einrichtung, die sich auf die Behandlung von Kindern und Jugendlichen spezialisiert hat. Im Rahmen eines Projektes mit Design Thinking wurde in einem Zelt mit einer Fläche von 600 Quadratmetern ein neuer Notfallprozess sechs Monate lang geprobt und mit Klinikpersonal und Patient*innen von Anmeldung bis Entlassung durchgeführt. Dies führte zu einem innovativen Angebot an Behandlungen, die für Kinder geeignet und zeitgemäß waren. Die Steuerung von Patient*innen- und Mitarbeiter*innenströmen war nach Projektabschluss wesentlich effektiver, was kürzere und besser abgestimmte Behandlungen ermöglichte [6].

Trotz steigender Patientenzahlen hat das Tan Tock Seng Hospital in Singapur die Wartezeiten durch Design Thinking um 40 % verringert. Dies wurde durch eine räumliche Umgestaltung des Gebäudes und durch neu definierte patientenfreundlichere Prozesse wie eine ‚Dezentralisierung' der Leistungserbringung erreicht [8].

Der Einsatz des Design Thinking wird im Krankenhaus oft lebhaft und auch kontrovers diskutiert. Die Tab. 8.1 stellt die Stärken und Schwächen aus Sicht von erfahrenen Auditoren zusammen.

Tab. 8.1 Stärken und Schwächen Design Thinking im Krankenhaus

Stärken Design Thinking	Schwächen Design Thinking
Das Hineinversetzen in den Kunden (Patienten) – das ist gut	Kreativität zu fördern ist im Krankenhaus bei oft immer noch tradierten Strukturen schwierig
„Point of View“ lässt sich nicht leicht erarbeiten – dafür ist eine gute Moderation erforderlich	Nicht jeder kann Prototypen bauen
Die viele Zeit, die man sich für die Ideenfindung nimmt, ist gut	Die Umsetzung im Krankenhausbetrieb ist sehr herausfordernd u. a. die mehrtägigen sog. Innovation Sprints
Der Einsatz von sog. Verbesserungskarten ist gut – keine Idee geht verloren	Das Chaos zu Beginn des Design Challenge ist schwer auszuhalten
Die Methode macht Spaß – endlich kann man einmal querdenken	In Zeiten der Transformation und Digitalisierung im Krankenhaus ist das Design Thinking im Krankenhaus schwer erfolgreich zu etablieren
Die klassische Moderation bleibt weiterhin wichtig	
Es muss sehr gut vorbereitet sein	
Endlich kein Klassischer Projektplan mehr, der oft doch nicht eingehalten wird	
Design Thinking stärkt das Miteinander	
Für die Durchführung innovativer Projekte ist Design Thinking unschlagbar	

Literatur

1. Plattner, H./Meinel, C./Leifer, L. (2011). Design Thinking. Understand – Improve – Apply. Schriftenreihe Understanding Innovation.
2. Vetterli, C., & Rüegg, K. (2018). Design Thinking – Innovation im Krankenhaus. In A. Angerer (Hrsg.), *LHT-BOK Lean Healthcare Transformation Body of Knowledge* (S. 2018–2019). Winterthur: CreateSpace Independent Publishing.
3. Börchers, K. (2021). Qualität, Effizienz und Patientenwohl im Krankenhaus. Springer Gabler, Wiesbaden. https://doi.org/10.1007/978-3-658-31599-3_1
4. Anwendungsfälle für Design Thinking in der Klinik – Innomeda – Die Healthcare Veränderer (Zugegriffen: 24. Sept. 2023).
5. Große-Dunker, F. (2020). 3 berühmte Design Thinking Beispiele aus der Praxis. In: Dark Horse Blog, im Internet unter: https://blog.thedarkhorse.de/design-thinking/3-beruehmte-design-thinking-beispiele-aus-der-praxis/ (Zugegriffen: 24. Sept. 2023)).
6. Hollenstein, E. et al. (2018). Innovative Krankenhausprozesse nach dem Design Thinking-Ansatz – Die Potenziale interprofessionell genutzter Simulationszonen. In: Pfannstiel, M./ Da-Cruz, P./ Rasche, C. (Hrsg.): Entrepreneurship im Gesundheitswesen III. Digitalisierung – Innovationen – Gesundheitsversorgung. Wiesbaden: Springer Gabler, S. 97–114.

7. Deichmann, D./ Van der Heijde, R. (2016). How Design Thinking Turned One Hospital into a Bright and Comforting Place. In: Harvard Business Review, im Internet unter: https://hbr.org/2016/12/how-design-thinking-turned-one-hospital-into-a-bright-and-comforting-place (Zugegriffen: 24. Sept. 2023).
8. Basu, M. (2016). What Works: This hospital cut waiting times by 40%. In: GovInsider, im Internet unter: https://govinsider.asia/intl-en/article/what-works-this-hospital-cut-waiting-times-by-40(Zugegriffen: 24. Sept. 2023).

Der agile Auditprozess 9

„A way forward...Internal Audit must evolve to keep pace. Prepared+Adaptive=Agile.“ [1] Sinngemäß abgeleitet bedeutet dies, dass sich auch Interne Audits im Krankenhaus anpassen werden bzw. müssen. In Krankenhäusern dominiert bisher noch eine jährliche Auditplanung mit Auditplänen, die im Voraus für ein Jahr erstellt werden. Rollierende und unterjährige Planungsansätze fehlen oft. Es ist offensichtlich, dass im bisherigen Management interner Audits agile Ansätze fehlen.

9.1 Einleitung

Agiles Handeln ist angesagt. Explodierende Energiekosten mit einer drohenden Schließung von Krankenhaus-Abteilungen sind nur ein Beispiel für ein externes Risiko, welches auch Auswirkungen auf das Qualitätsmanagement hat und immer mehr ein agiles „Audithandeln“ mit schnellen Ergebnissen fordert. Routinekontrollen i. S. von Komformitäts-Audits erfüllen zwar die Normforderungen, sind aber in Zeiten des Wandels nicht immer zielführend.

Agile Audits im Krankenhaus beziehen sich auf die Anwendung agiler Praktiken und Methoden bei der Durchführung von Audits im Gesundheitswesen, insbesondere in Krankenhäusern und medizinischen Einrichtungen. Der traditionelle Ansatz für Audits im Gesundheitswesen kann oft langwierig und bürokratisch sein, was zu einer gewissen Trägheit führen kann und nicht immer den besten Mehrwert liefert.

Die Anwendung agiler Praktiken und Methoden auf Audits im Krankenhaus hingegen kann dazu beitragen, den gesamten Prozess zu beschleunigen, die Qualität zu steigern und die Patient*innenversorgung zu verbessern.

Eine besondere Stärke agiler Audits liegt darin, dass das Auditteam, die Auditleitung und der Auditauftraggeber eng miteinander zusammenarbeiten, auch räumlich. Der Auditauftraggeber *(Product Owner)* konzentriert sich vor allem auf die fachliche Steuerung

K. Börchers, *Agile Audits im Krankenhaus,* https://doi.org/10.1007/978-3-658-44339-9_9

und das Ressourcenmanagement. Informationen diesbezüglich können direkt in den verschiedenen Auditmeetings an das Auditteam *(Entwicklungsteam)* und die Auditleitung *(Scrum-Master)* weitergegeben werden, ohne sich in aufwendige Abstimmungsprozesse über Dokumente oder Protokolle zu verlieren. Es ist gleichzeitig ein ständiger und transparenter Zugang zu allen Unterlagen und Pinnwänden bzw. Scrum-Boards mit den festgehaltenen Auditergebnissen gesichert.

Es erfolgen im agilen Audit nach den Auditsprints in regelmäßigen Abständen auch Berichte, um unmittelbar ein Auditfeedback zu erhalten. So erfahren die Auditteilnehmer im Krankenhaus schnell, wie sich das Audit entwickelt, und sind in der Lage, neue Ideen oder Anmerkungen zu Auditfeststellungen einzubringen. Durch die agilen Audits kann das Auditteam schnell auf Aktualisierungen reagieren. Auf diese Weise lässt sich die Kommunikation zwischen den Beteiligten immer weiter optimieren.

Im Laufe des agilen Audits ergeben sich oft weitere Anforderungen, z. B. durch die Ableitung von Korrektur- und Optimierungsmaßnahmen durch das Auditteam. Daher spielt der kontinuierliche Verbesserungsprozess (KVP) im Management des Auditbacklogs eine wichtige Rolle. Hier können Anforderungen hinzugefügt oder entfernt werden sowie Details zu den Anforderungen ergänzt und Schätzungen erstellt werden.

9.2 Klassisches Audit versus Agiles Audit

Die Herausforderung ist es, die Veränderung zu schaffen von bisher oft einmal jährlich durchgeführten klassischen Konformitäts-Audits i. R. einer Routinekontrolle zur mehrwertstiftenden agilen Auditleistung mit Audits im Sprint.

Was bedeutet das konkret?

- Statt die Mitarbeiter*innen zum Auditteam kommen zu lassen (in störungsfreie Räume), geht das Auditteam direkt in die Abteilungen und Kliniken.
- Statt die Mitarbeiter*innen für die Zeit des Audits aus dem Prozess zu nehmen, arbeiten die Mitarbeiter*innen weiter im Tagesgeschäft.
- Statt Fragen zu stellen, lässt das Auditteam die Mitarbeiter*innen entscheiden, ob und worüber sie mit dem Auditteam sprechen wollen.
- Statt ausschließlich Interviews zu führen, beobachtet das Auditteam und führt Gespräche, wenn sie sich ergeben.
- Statt das Audit durchzuplanen, geht das Auditteam mit viel Zeit und ohne Checkliste vor Ort.
- Statt Mitarbeiter*innen seitens des Auditteams eigene Beobachtungen und Ideen, Tipps und Hinweise zu geben, sollte die Evaluation der Prozesse auch einen explorativen Charakter verfolgen, der dadurch befördert wird, dass die Mitarbeiter*innen die als kritisch in den Fokus genommenen Vorgänge zunächst in der bisherigen Herangehensweise darstellen und/oder begründen können. Es ist also auch eine kritische Würdigung und ein sensibler Umgang mit bereits vorhandenem

Wissensbestand und Respekt vor der Qualifikation und bereits Bewährtem der Mitarbeiter*innen angesagt.

- Statt die Praxis mit der Norm bzw. Vorgaben abzugleichen, befasst sich das Auditteam mit der gelebten Praxis und lässt zunächst Nachweis-Dokumente außen vor.

Die Abb. 9.1 stellt das klassische Audit dem Agilen Audit im Sprint gegenüber.

Das klassische Konformitäts-Audit wird in der Regel einmal jährlich für das kommende oder noch besser für die nächsten drei Jahre geplant. Die Termine und Themen werden langfristig in den zu auditierenden Bereichen und Abteilungen mit Benennung der Verantwortlichen „eingetaktet". Dabei werden Auditphasen unterteilt und Ergebnisse werden erst zu Auditende geliefert. Es ist in der Auditpraxis oft sehr herausfordernd für das Qualitätsmanagement, externe und interne Veränderungen in der langfristigen Auditplanung zu verarbeiten. Problematisch können zu Beginn begangene Fehler werden, wenn diese erst am Schluss des Auditprozesses entdeckt werden. Durch die Norm-erfüllende Auditroutine mit Einsatz von Checklisten kommt der Auditprozess bei den Mitarbeitern oft auch als *„Same procedure as every year"* an. Dieses tradierte lineare Auditvorgehen und die oft starren Hierarchien festigen im Krankenhaus noch das klassische Audit.

Das Agile Manifest und das Mindset für agile Teams können aber auf das klassische Audit angewendet werden. Diese agilen Audits mit ihren selbstorganisierten Auditteams folgen in ihrer Auditplanung- und Umsetzung den Agilitätsgrundsätzen, um schneller relevante Ergebnisse erreichen zu können. Es handelt sich dabei um kurzfristige, proaktive und flexible Auditplanungsprozesse. Wenn sich die Auditziele- und Anforderungen – auch noch spät in der Auditplanung – ändern, wird dies begrüßt und mit einer schnellen

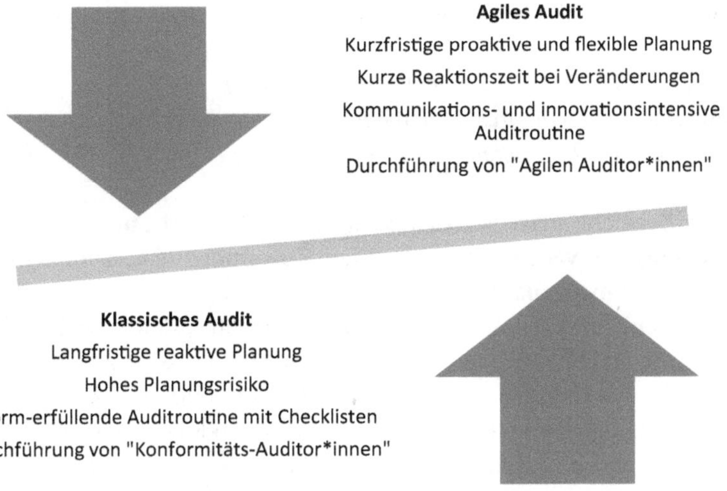

Abb. 9.1 Klassisches versus Agiles Audit. (Quelle: Eigene Darstellung)

Reaktionszeit werden die Änderungen auch weiterbearbeitet. So werden nutzenstiftende innovative Auditergebnisse mit den dazugehörigen Auditberichten zeitnah und immer schneller an die Auditteilnehmer kommuniziert.

Sicher ist es im Krankenhaus sinnvoll, weiterhin klassische Audits durchzuführen.

Aber es sollte möglichst immer genügend Freiraum für agile Audits eingeplant werden. Anstrebenswert ist hier sicher die 50:50-Regel. [2] Das spontane Reagieren auf ein internes oder externes Ereignis im Krankenhaus wie eine akute Pandemie, die ein Krankenhaus von einem Tag auf den nächsten zwingt, die Prioritäten zu verändern, verbunden mit einer Auditanfrage an das Team des Qualitätsmanagements zu dessen Reflexion und Lösung kann so noch optimaler sichergestellt werden.

9.3 Vorbild Scrum für Agile Audits im Krankenhaus

Für die Durchführung agiler Audits im Krankenhaus kann *Scrum* als bewährtes strukturiertes agiles Tool eingesetzt werden, um den Auditprozess zu planen, durchzuführen und abzuschließen. Es gilt:

- eine kontinuierliche Verbesserung zu erzielen,
- die Qualität der Patient*innenversorgung zu steigern und
- die Patient*innensicherheit zu erhöhen.

Durch die Anwendung von *Scrum-Praktiken* und Methoden können Krankenhäuser ihre Auditprozesse noch effizienter und effektiver gestalten und ihre Ressourcen optimal einsetzen.

Grundsätzlich besteht wie im Original die Auditarbeitsgruppe als Scrum-Projektteam „Agiles Audit" zur Durchführung agiler Audits im Krankenhaus aus dem

1. Auditauftraggeber *(Product Owner),*
2. der Auditleitung *(Scrum Master)* und dem
3. Auditteam *(Entwicklungsteam).*

Diese Rollen-Bezeichnungen werden im Folgenden genutzt, um den Bezug zur Softwareentwicklung zu vermeiden und einen Zusammenhang zum agilen Audit im Krankenhaus herzustellen.

Das **Auditteam** muss als interdisziplinäres Team über sämtliche Kompetenzen verfügen, die für die Planung, Durchführung und den Abschluss des Audits notwendig sind, um eine qualifizierte Entscheidungsfindung und selbstorganisiertes Arbeiten zu ermöglichen. Dies gilt bei einem agilen Audit nicht nur für auditbezogene Kompetenzen, sondern vor allem auch im Hinblick auf die agile Arbeitsweise, die möglicherweise für die beteiligten Mitarbeiter*innen neu ist und daher erst durch entsprechende Schulungen und laufende Trainings vermittelt werden kann.

Der **Auditauftraggeber** übernimmt die Rechenschaft für das ganze Auditbacklog und somit für das Audit in seiner Gesamtheit; das bedeutet, er oder sie entscheidet über die Inhalte und die Priorisierung und somit letztlich über das Auditergebnis, welches einen höchstmöglichen Mehrwert generieren soll. Diese Rolle wird von einer Einzelperson übernommen, nicht von einem Gremium, sie kann jedoch auch die Anregungen des Auditteams oder die Wünsche eines Gremiums berücksichtigen, beispielsweise die der oberen Führungsebene. Wichtig ist es, dass der Auditauftraggeber zentrale Aufgaben im Kontext des agilen Audits, die eine aktive Involvierung erfordern und für die entsprechende zeitliche Ressourcen notwendig sind, übernimmt. Die Entscheidungen des Auditauftraggebers zur Ausrichtung der Audits müssen zudem organisationsweit akzeptiert werden, das heißt, er oder sie benötigt die notwendigen Entscheidungs- und Weisungsbefugnisse für die Ausführung dieser Rolle. Außerdem müssen die Verantwortlichkeiten und Befugnisse so gestaltet sein, dass das Auditteam selbstorganisiert und eigenständig ihre Arbeit tun und umsetzen kann. Bzgl. der Teamgröße wird der Scrum-Guide sehr konkret: es soll mindestens drei, aber maximal neun Mitarbeiter*innen umfassen. Dies ist insofern wichtig, da das Krankenhaus die notwendigen Ressourcen, unter anderem bzgl. Personal und Ausbildungen, im entsprechenden Umfang bereitstellen muss.

Die **Auditleitung** übernimmt im Kontext des agilen Audits grundsätzlich die gleiche Rolle wie im Original vorgesehen, da sich die Rolle unabhängig von den jeweiligen Inhalten auf die Unterstützung bei der Umsetzung der agilen Werte, Praktiken und Methoden bezieht. Gleichzeitig stellt er oder sie einen wichtigen „Botschafter" für das agile Audit im Krankenhaus dar, da unter anderem Bewusstsein und Verständnis für das agile Auditvorgehen kommuniziert wird.

Das Auditteam führt dann dementsprechend das Audit durch.

9.4 Ablauf des agilen Audits

Die Formulierung der Vision zum agilen Audit gibt zunächst einen Rahmen und eine klare Zielrichtung vor, welches motivationsfördernd auch für das Auditteam ist. Es soll durch das agile Audit ein Mehrwert für das Krankenhaus und die Mitarbeiter*innen generiert werden.

Eine Vision zum agilen Audit *(„Vision Statement")* fordert daher zunächst eine intensive Auseinandersetzung mit der Einrichtung.

Es geht darum,

- eine aussagekräftige und prägnante Vision zum Audit zu formulieren,
- interne und externe Themen, die das Audit betreffen, einzuarbeiten und
- Stakeholder*innen und Interessensgruppen, die Einfluss auf das Audit haben, zu beachten.

Die Abb. 9.2 zeigt den weiteren Ablauf des agilen Audits auf einen Blick.

Die erarbeitete Vision stellt den Ausgangspunkt für das agile Audit dar, da zu Beginn zusammen mit dem Auditauftraggeber die Rahmenbedingungen und Auditzielsetzungen festgelegt und definiert werden. Davon ausgehend werden mit den Stakeholder*innen, Mitarbeiter*innen und Kund*innen zusammen mit dem Scrum-Projektteam initial sämtliche zu diesem Zeitpunkt bekannte Anforderungen an das Audit formuliert. Diese werden am Auditbacklog visualisiert. Inhalte und Impulse der universellen Normen mit Impulsen für Qualitäts- und Auditmanagement nach DIN EN ISO 9000 und DIN EN ISO 19011 spielen hier und auch im agilen Audit eine zentrale und zertifizierungsrelevante Rolle.

Ausgehend vom Auditbacklog wird dann weiter im agilen Modus gemäß dem Vorgehen nach Scrum und der Priorisierungen jeweils vor einem agilen Audit im Sprint die Planung mittels des Auditsprintbacklog durchgeführt. Hier spielen die ausgewählten Auditinhalte und die Umsetzung der Auditaufgaben im Krankenhausbetrieb eine große Rolle.

Der Scrum-Prozess im Audit fördert durch die täglichen Auditgesprächsroutinen im Rahmen von Kurz-Meetings *(„Daily Scrum Meeting")* und zur Überprüfung *(„Sprint Review Meeting" – „Sprint Retrospective")* die offene Kommunikation innerhalb des Auditteams sowie mit Stakeholder*innen, Mitarbeiter*innen, Kund*innen sowie dem Scrum-Projektteam. Dies ermöglichten eine enge und optimale Zusammenarbeit sowie ein effizientes Auditmanagement.

Die folgenden Ausführungen beschreiben die Planung, Durchführung und den Abschluss des Agilen Audits.

9.5 Planung Agiles Audit mit Backlog und Sprint

Die Planungsphase des agilen Audits beinhaltet

1. das Auditbacklog,
2. die Auditsprintplanung und
3. die Ausarbeitung des Auditsprintbacklog.

Zur Planung benötigt das Auditteam vorab eine Übersicht, welche Abteilungen und Fachbereiche unter Benennung der Verantwortlichkeiten agil zu auditieren sind. Es sollten Vereinbarungen mit dem Linienmanagement zu Freistellung und Form der Beteiligung von Auditteilnehmer*innen der jeweiligen Abteilungen und Fachbereiche getroffen werden. Und es sollten Scrum-Strukturen vorhanden sein wie Pinwand – Scrum-Board mit Haftnotizen und Kanban-Kärtchen, in Anlehnung an die früher verwendeten Karteikarten oder Notizzettel auf Whiteboards [3].

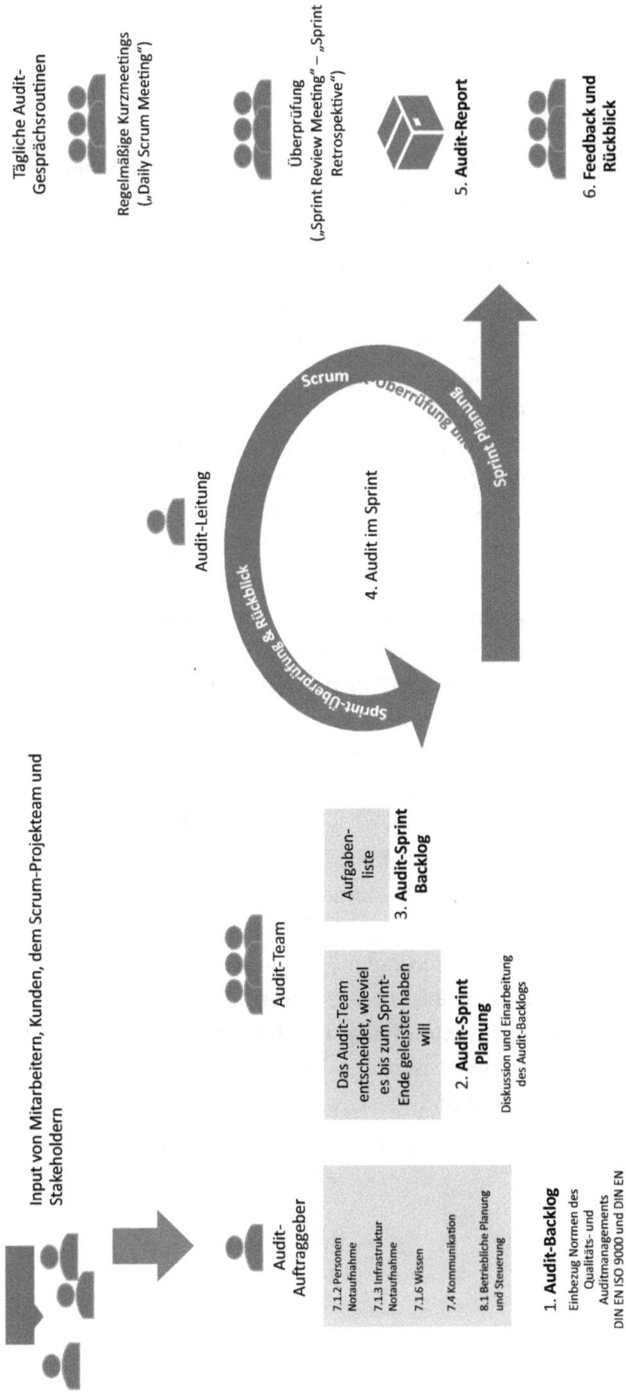

Abb. 9.2 Ablauf des Agilen Audits auf einen Blick. (Quelle: Eigene Darstellung)

Zu 1. Auditbacklog

Die für das agile Audit relevanten Stakeholder*innen, Mitarbeiter*innen sowie die Kund*innen und das Scrum-Projektteam werden vom Auditauftraggeber für die vorbereitenden Arbeiten am Auditbacklog zunächst angesprochen und eingeladen. Es werden gemeinsam mögliche Anforderungen und die Auditinhalte DIN EN ISO 9001.2015 mit den damit verbundenen sog. *User Stories* diskutiert, formuliert und festgelegt.

Die Abb. 9.3 stellt beispielhaft Anforderungen *(User Stories)* in priorisierter Reihenfolge mit Auditinhalten nach DIN EN ISO 9001.2025 dar. Die Darstellung der Rasterstufen erfolgt in Form zweier Grauwerte in Anlehnung an Eisenhowers Prioritäten-Matrix für die Auswahl von Prioritäten. Die Eisenhower-Matrix gilt als eine einfache Selbst- und Zeitmanagementmethode zur effizienten und effektiven Priorisierung von Aufgaben und Terminen [5].

So bedeutet das dunkelgraue Raster, dass der Auditinhalt mit sofortiger und höchster Priorität umzusetzen ist. Die hellgraue Rasterung priorisiert dagegen Auditinhalte zur Umsetzung mittel-bis langfristiger Ziele und Strategien. Entstehungshintergrund der Eisenhower Prioritäten-Matrix ist eine Rede Eisenhowers im Jahr 1954, in der er einen ungenannten früheren Hochschulpräsidenten wie folgt zitierte. „I have two kinds of problems, the urgent and the important. The urgent are not important, and the important are never urgent.“ (Ich habe zwei Arten von Problemen, die dringenden und die wichtigen. Die dringenden sind nicht wichtig, und die wichtigen sind nie dringend).

Die Einträge können aus unterschiedlichsten Quellen kommen, die Entscheidungshoheit darüber, welche Anforderungen letztendlich aufgenommen werden und wie diese priorisiert werden, obliegt dem Auditauftraggeber.

Zu beachten sind hier auch normbezogene Anforderungen an das Agile Audit, die in regelmäßigen Abständen oder anlassbezogen wiederholt durchgeführt werden müssen, beispielsweise die Risiko- und Managementbewertungen. Somit können diese Anforderungen nach ihrer Erledigung nicht einfach als erledigt gekennzeichnet und entfernt werden, sondern werden weiter gelistet und als neue Anforderung gekennzeichnet.

Wenn das Auditteam die Anforderungen *(„User Story“)* und die Auditinhalte nach DIN EN ISO 9001.2015 gelesen hat, weiß es, warum es eine bestimmte Auditeinheit durchführt und welchen Wert das Auditteam und die Auditor*innen damit schaffen können. Es handelt sich um ein dynamisches Arbeitsmittel, welches zu Beginn die initial bekannten Anforderungen enthält und danach laufend weiterentwickelt und an neue Gegebenheiten angepasst wird.

Nr.	Auditinhalt nach DIN EN ISO 9001:2015	User Stories (Wie? Was? Wann? Mehrwert?)	PRIORISIERUNG
14	7.1.2 Personen	14.1: Als Mitarbeitende/r der Notaufnahme kann ich jederzeit die Protokolle meiner Mitarbeitergespräche einsehen und die darin dokumentierten Absprachen einsehen. Im Anschluss unterzeichne ich in dem Protokoll, dass ich die Unterlagen durchgelesen habe. 14.2: Als Mitarbeitende/r der Notaufnahme muss ich wissen, wer die Vermerke mit seinem Kürzel eingetragen hat. Zu diesem Zweck kann ich das Kürzel-Verzeichnis einsehen. …	
15	7.1.3 Infrastruktur	15.1: Als Arzt/Ärztin möchte ich in jedem Raum der Notaufnahme auf die neusten Untersuchungsdaten der Patient*innen zugreifen können. 15.2: Als Arzt/Ärztin der Notaufnahme kann ich digital mit dem Rettungswagen kommunizieren und bereits die vorläufigen Diagnosen und Vitalparameter des angekündigten Notfallpatienten einsehen. 15.3: Als Mitarbeitende/r in der Notaufnahme ist es unerlässlich, dass die Geräte in der Notaufnahme zeitgemäß und funktional sind, sodass eine optimale Patient*innen-Versorgung gewährleistet werden kann. …	
16	7.1.6 Wissen der Organisation	16.1: Als Stationsleitung ist es wichtig, dass alle Mitarbeitende in der Notaufnahme regelmäßig an den Pflichtschulungen teilnehmen, die Nachweise aktuell sind und vollständig vorliegen. …	
17	7.4 Kommunikation	17.1: Als Stationsleitung muss ich sicherstellen, dass alle Mitarbeitende die Informationen aus der	

Abb. 9.3 Übersicht der Anforderungen („User Stories") in priorisierter Reihenfolge. (Quelle: Eigene Darstellung)

		heutigen Dienstbesprechung erhalten und sich damit an die neuen Prozessabläufe halten. 17.2: Als Mitarbeitende/r der Notaufnahme weiß ich, wo und wie ich Verbesserungsvorschläge anbringen kann und diese wie im beschriebenen Prozess bearbeitet werden. …	
18	8.1 Betriebliche Planung und Steuerung	18.1: Als Patient*in der Notaufnahme sind meine Daten vertraulich zu behandeln. Dritten darf es nicht möglich sein, meine Daten einzusehen. 18.2: Als Mitarbeitende/r kenne ich die strategischen Ziele der Notaufnahme, die kurzfristig, mittelfristig und langfristig geplant sind.	

Dunkelgrau: Auditinhalt mit sofortiger und höchster Priorität

Hellgrau: Auditinhalt zur Umsetzung mittel-bis langfristiger Ziele und Strategie.

Abb. 9.3 (Fortsetzung)

Die Abb. 9.4 und 9.5 stellt das Auditanforderungsmanagement dar.

Mit diesen Informationen kann das Auditbacklog weiter gestaltet werden. Es ist das zentrale Medium im agilen Audit, sozusagen der „Dreh- und Angelpunkt" und das Startereignis für das fortlaufende agile Auditmanagement.

Die Abb. 9.4 stellt einen Auszug aus einem Auditbacklog dar. Es geht um die Aufnahme eines Notfallpatienten im digitalisierten Krankenhaus. Die Prozesse beziehen sich auf „Aufenthalt planen", „Patient*in aufnehmen", „Patient*in ankündigen", „Patient*in triagieren" und „Patient*in administrativ aufnehmen".

Die schon priorisierten Auditinhalte nach DIN EN ISO 9001.2015 mit den User-Stories aus Abb. 9.3 wurden weiter u. a. bzgl. ihres Mehrwertes mit Fokus „Patientenwohl" und des Aufwandes in Stunden (h) eingegrenzt und das Audit im Sprint entsprechend weiter als Auditbacklog geplant, siehe auch Abb. 9.4.

Zu 2. Auditsprintplanung

Das Auditteam trifft sich dann zur Auditsprintplanung, um zu entscheiden, welche Auditeinheiten im Sprint durchgeführt werden sollen und mit welcher Zielsetzung. In dieser Phase wird auch das Auditteam zusammengestellt.

Das erforderliche Wissen im Auditteam sowie die zeitliche Verfügbarkeit mit Check der infrastrukturellen Voraussetzungen müssen zu diesem Zeitpunkt sichergestellt sein. Hier sind auch die Anforderungen der Auditnorm DIN EN ISO 19011:2018 zu beachten und umzusetzen.

Nr.	Auditinhalt nach DIN EN ISO 9001:2015	Beschreibung („User Story") mit Prozess	Mehrwert mit Fokus „Patientenwohl"	Aufwand Stunden (h)	Priorität
15	7.1.3 Infrastruktur	15.1: Als Arzt*in möchte ich in jedem Raum der Notaufnahme auf die neusten Untersuchungsdaten der Patienten zugreifen können („Aufenthalt planen"). 15.2: Als Arzt*in der Notaufnahme kann ich digital mit dem Rettungswagen kommunizieren und bereits die vorläufigen Diagnosen und Vitalparameter des angekündigten Notfallpatienten einsehen (Patient*in aufnehmen"). 15.3: Als Mitarbeiter*in der Notaufnahme ist es unerlässlich, dass die Geräte in der Notaufnahme zeitgemäß und funktional sind, so dass eine optimale Patientenversorgung gewährleistet werden kann (Patient*in triagieren").	Für den Patienten wird das Krankheitsbild im Notfall optimal erfasst. In der Notaufnahme geht durch die optimale Digitalisierung mit dem Rettungsdienst keine Zeit für die Notfall-versorgung verloren. Da alle Geräte auf dem aktuellen Stand sind, kann auch die Diagnose schnell gestellt werden.	Sprint 1 4,0 h	
18	8.1 Betriebliche Planung und Steuerung	18.1: Als Patient*in der Notaufnahme sind meine Daten vertraulich zu behandeln, dritten darf es nicht möglich sein meine Daten einzusehen („Patient*in administrativ aufnehmen"). 18.2: Als Mitarbeitender kenne ich die strategischen Ziele der Notaufnahme die kurzfristig, mittelfristig und langfristig geplant sind.	Aus Patientensicht ist der Datenschutz in der Krankenhaus-Verwaltung optimal sicher gestellt. -	Sprint 1 1,0 h	
14	7.1.2 Personen	14.1: Als Mitarbeiter*in der Notaufnahme kann ich jederzeit die Protokolle meiner Mitarbeitergespräche einsehen und die darin dokumentierten Absprachen einsehen. Im Anschluss unterzeichne ich in dem Protokoll, dass ich die Unterlagen durchgelesen habe. 4.2: Als Mitarbeitende/r der Notaufnahme muss ich wissen, wer die Vermerke mit seinem Kürzel eingetragen hat, dafür kann ich das Kürzel-Verzeichnis einsehen.	- -	Sprint 2 1,5 h	

Abb. 9.4 Auszug aus einem Auditbacklog. (Quelle: Eigene Darstellung)

16	7.1.6 Wissen der Organisation	16.1: Als Stationsleitung ist es wichtig, dass alle Mitarbeitende in der Notaufnahme regelmäßig an den Pflichtschulungen teilnehmen, die Nachweise sind aktuell und liegen vor.	Regelmäßige Pflichtschulungen stellen für Patienten eine leitliniengerechte Notfallversorgung sicher z.B. bei Reanimation.	Sprint 2 1,5 h	
17	7.4 Kommunikation	17.1: Als Stationsleitung muss ich sicherstellen, dass alle Mitarbeiter*innen die Informationen aus der heutigen Dienstbesprechung erhalten und sich damit an die neuen Prozessabläufe halten („Patient*in ankündigen“). 17.2: Als Mitarbeitende/r der Notaufnahme weiß ich wo und wie ich Verbesserungs-vorschläge anbringen kann und diese werden wie im beschriebenen Prozess bearbeitet.	Eine gute Kommunikation der Mitarbeiter untereinander minimiert für die Patient*innen das Risiko einer Fehlbehandlung. -	Sprint 2 1,5 h	

Die Darstellung der Rasterstufen zur Priorität erfolgt in Form zweier Grauwerte:
Dunkelgrau: Auditinhalt mit sofortiger und höchster Priorität.
Hellgrau: Auditinhalt zur Umsetzung mittel-bis langfristiger Ziele und Strategie.

Abb. 9.4 (Fortsetzung)

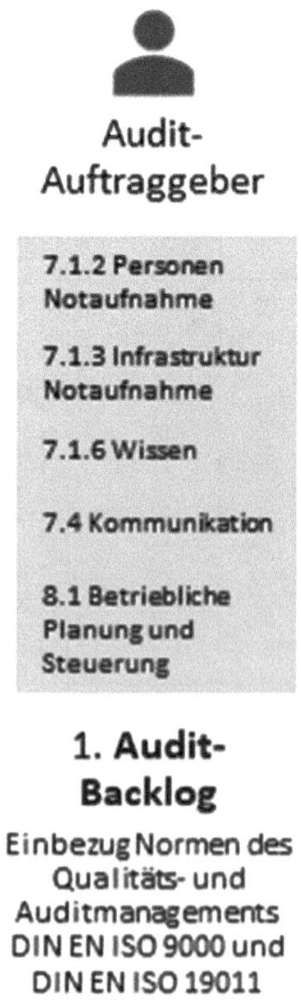

Abb. 9.5 Auditanforderungsmanagement (Auszug aus Abb. 9.2). (Quelle: Eigene Darstellung)

Die Abb. 9.6 visualisiert die Planung des Auditsprints mit Erarbeitung eines Sprintbacklogs seitens des Auditteams.

Zu diesem Zeitpunkt entscheidet das Auditteam, welche Auditinhalte im bevorstehenden Auditsprint zu auditieren sind. Die Tab. 9.1 stellt die Auditsprintplanung dar. Die Auditierung der Auditinhalte wird konkret mit Sprint-Datum und Uhrzeit gemeinsam im Auditteam festgelegt.

Zu 3. Auditsprintbacklog

Ein Meeting mit der Auditleitung folgt. Die Aufgabenverteilung im Auditsprintbacklog wird – basierend auf den in Abb. 9.4 festgelegten und priorisierten Auditinhalten mit Darlegung des Mehrwertes und Fokus „Patientenwohl", des Aufwandes in Stunden (h) und der User Stories (Auditbacklog) – gemeinsam erarbeitet. Die Auditinhalte werden an einem Scrum-Board auf Kanban-Kärtchen als Aufgaben formuliert, aufgetragen und auf der Rückseite die User-Stories dokumentiert.

Die Tab. 9.2 beinhaltet die Aufgabenverteilung im Auditsprintbacklog.

Der Auditsprintbacklog ist also eine Aufgabenliste, die das Auditteam während eines Sprints abarbeitet. Am Auditsprintbacklog Tab. 9.2 ist beispielhaft ersichtlich, dass das Auditteam den Auditinhalt zu 8.1 „Betriebliche Planung und Steuerung" mit der User-Story *„18.2: Als Mitarbeitender kenne ich die strategischen Ziele der Notaufnahme die kurzfristig, mittelfristig und langfristig geplant sind"* aus Abb. 9.4 nicht mit in den Auditsprintbacklog aufgenommen hat. Der Grund war das geplante Führungsaudit einen

Abb. 9.6 Auditsprintplanung mit Backlog (Auszug aus Abb. 9.2) (Quelle: Eigene Darstellung)

Tab. 9.1 „Auditsprintplanung“. (Quelle: Eigene Darstellung)

Nr.	Auditinhalt nach DIN EN ISO 9001:2015 in der Notaufnahme	Sprint-Datum mit Uhrzeit
14	7.1.2 Personen	19.10.2023 10.00 h–11.30 h
15	7.1.3 Infrastruktur	18.10.2023 10.00 h–14.00 h
16	7.1.6 Wissen der Organisation	19.10.2023 12.30 h–14.00 h
17	7.4 Kommunikation	19.10.2023 14.30 h–16.00 h
18	8.1 Betriebliche Planung und Steuerung	18.10.2023 14.30 h–15.30 h

Monat später. Hier sei das Thema *„Strategische Ziele der Notaufnahme“* passender platziert, so das Auditteam.

Diese Entscheidung des Auditteams ist möglich, weil das Auditsprintbacklog in der alleinigen Zuständigkeit des Auditteams liegt. Nur diese können Auditiinhalte und Aufgaben hinzufügen oder entfernen, wenn es erforderlich ist und die Schätzung des Fortschritts nach Sprintabschluss aktualisieren.

Zur Priorisierung der Aufgabenverteilung im Auditsprintbacklog wird mit einem *Scrum-Board* weiter gearbeitet. Das Scrum-Board ist als Hilfsmittel gedacht, mit dem

Tab. 9.2 Aufgabenverteilung im Auditsprintbacklog. (Quelle: Eigene Darstellung)

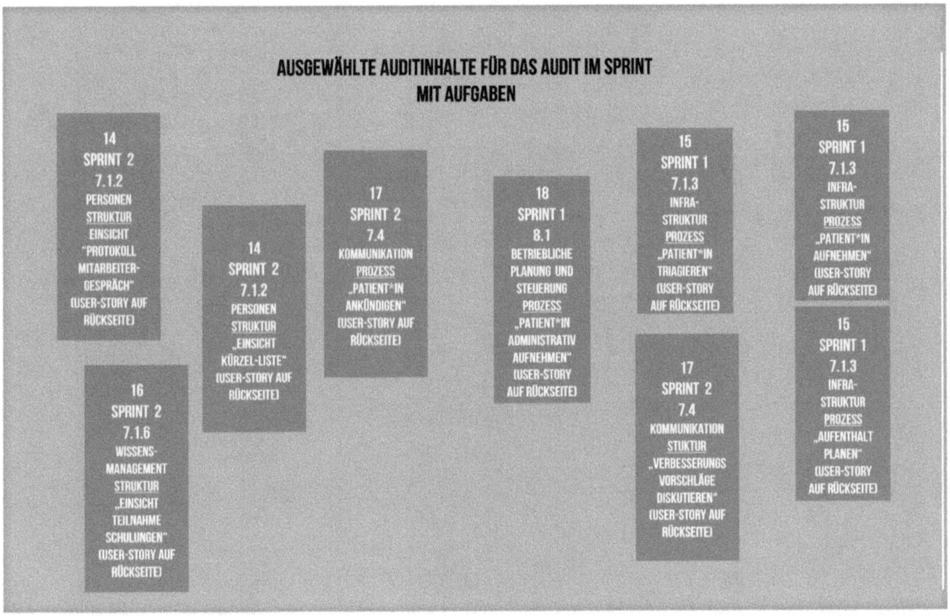

der Stand der Dinge während eines agilen Audits übersichtlich dargestellt werden kann. Alle ausgewählten Aufgaben, die im Auditsprintbacklog enthalten sind, werden in drei Spalten auf dem Scrum-Board übertragen: *To do, Laufend* oder *Erledigt.*

An diesem übersichtlichen Board kann man sich jederzeit über den Status des Audits im Sprint informieren, s. a. Tab. 9.3.

Die Überwachung des Fortschritts erfolgt in den täglichen *Daily Scrums* unter Betrachtung der verbleibenden Auditinhalte und Aufgaben. Die Eignung, Angemessenheit und Wirksamkeit des agilen Audits ist zu beachten; hierfür ist im Ergebnis der Auditauftraggeber verantwortlich.

9.6 Durchführung Agiles Audit im Sprint

Zusätzlich zur Erfüllung der Normanforderungen des Qualitäts- und Auditmanagements nach DIN EN ISO 9000 und DIN EN ISO 19011 können im agilen Audit auch weitere Auditereignisse z. B. mit dem Fokus auf Innovationen thematisiert werden. Dies bezieht sich z. B. auch auf Diskussion von Lösungen und Trends oder Ad-hoc-Aufgaben wie lösungsorientierte Projektdiskussionen. Die Sprints im agilen Audit können zwischen einer und vier Wochen dauern, die Länge sollte jedoch möglichst immer gleichbleiben, um eine gewisse Beständigkeit sicherzustellen. Im Sprint arbeiten die Auditor*innen an der Erreichung der zuvor definierten Auditinhalte mit den entsprechenden Aufgaben;

Tab. 9.3 Scrum-Board-Status eines Audits im Sprint. (Quelle: Eigene Darstellung)

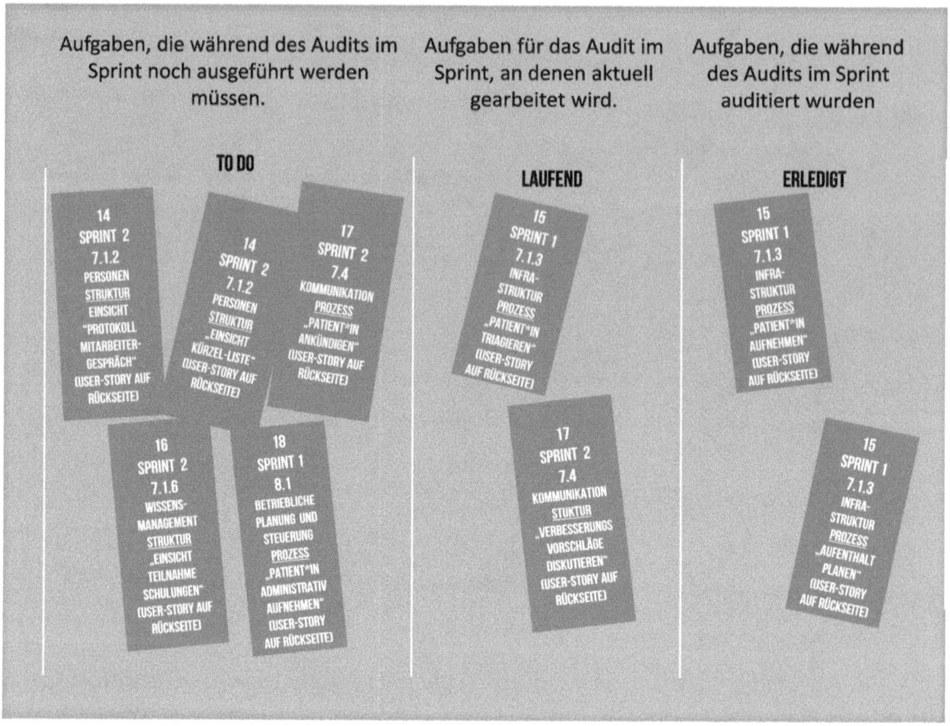

es werden keine Änderungen vorgenommen. Ändern sich die Rahmenbedingungen im Audit, kann in Ausnahmefällen ein Sprint durch den Auditauftraggeber vorzeitig beendet werden, wenn das Ziel überflüssig wurde oder die Fortsetzung unter den geänderten Umständen nicht mehr zielführend ist. Der Punkt „4. Audit im Sprint" in Abb. 9.2 zeigt, dass nach einer Sprint-Überprüfung auch ein Ausstieg möglich ist.

Die konkrete Bearbeitung des Auditsprintbacklogs bzw. des Scrum-Boards erfolgt selbstorganisiert im Audit durch das agile Auditteam, welches grundsätzlich auch die Entscheidungshoheit darüber hat, wie die Auditinhalte und Aufgaben auditiert werden. Bei gewissen Themen, etwa der Risikobeurteilung oder der Erstellung von Dokumenten, ist das Team jedoch an Vorgaben und Normen gebunden.

Bei der Auditdurchführung liegt der Fokus auf der Generierung von Mehrwert. Das bedeutet, das agile Audits „so schnell wie möglich" durchzuführen sind. Die Auditergebnisse sollten in täglichen Auditgesprächsroutinen mit regelmäßigen Kurz-Meetings *(„Daily Scrum Meeting")* und Überprüfung *(„Sprint Review Meeting" – „Sprint Retrospective„)* kommuniziert werden. Die „Abarbeitung" des Scrum-Boards ist Hauptaufgabe in der Durchführung („To Do"-Spalte des Scrum-Boards mit beschrifteten Kanban-

Kärtchen). Im Ergebnis wird ein erfülltes und abgearbeitetes Scrum-Board („Erledigt"-Spalte des Scrum-Boards mit beschrifteten Kanban-Kärtchen) erwartet.

Die Durchführung gestaltet sich am Scrum-Board daher wie folgt:

1. Das Auditteam einigt sich zunächst in Form z. B. einer qualitätssichernden Checkliste, was „erledigt" im Einzelnen bedeutet *(„Definition of Done")*.
2. Das Auditteam bearbeitet dann die „To Do"-Spalte des Scrum-Boards mit den beschrifteten Kanban-Kärtchen, legt die Auditeinheiten entsprechend fest und positioniert die beschrifteten Kanban-Kärtchen in die „Laufend" bzw. „Erledigt"-Spalte des Scrum-Boards.
3. Das Agile Audit und der Sprint beginnen. Das Team organisiert sich selbst.
4. Es laufen tägliche Auditgesprächsroutinen in Form von regelmäßigen Kurz-Meetings *(„Daily Scrum-Meeting")* mit einem festgelegten Zeitfenster und im Scrum-Projektteam. Dabei wird in kurzer Zeit vom Auditteam Folgendes berichtet: Was wurde erreicht, was sind die aktuellen Auditziele und welche Hürden oder Blockaden gefährden den Auditerfolg.

Das agile Audit im Sprint endet unter Einhaltung des vereinbarten zeitlichen Rahmens mit einem erfüllten und abgearbeiteten Scrum-Board. Das bedeutet, dass in der „Erledigt"-Spalte des Scrum-Boards alle beschrifteten Kanban-Kärtchen *„gepostet"* sind.

9.7 Abschluss Agiles Audit mit Report

Am Ende eines jeden Sprints führt das Auditteam ein Review durch, in der die erreichten Auditergebnisse vorgestellt werden. Es wird reflektiert, was gut gelaufen ist und wie der agile Auditprozess weiter optimiert werden kann.

Im Auditreport mit Feedback und Rückblick präsentiert das Auditteam die (Zwischen-)Ergebnisse, um deren Umsetzung gemeinsam mit dem Auditauftraggeber inhaltlich zu bewerten und das weitere Vorgehen abzustimmen bzgl. der Umsetzung der Auditfeststellungen.

Das setzt eine gute Feedback-Kultur und Wertschätzung im Krankenhaus voraus. [4]. Ein Mangel an Wertschätzung (positives Feedback) ist für viele Mitarbeiter*innen mittlerweile ein Grund, den Arbeitsplatz zu wechseln. Das Auditteam freut sich daher auch über eine Karte oder ein öffentliches Lob.

Die Dokumentation der wichtigsten Auditergebnisse und Feststellungen ist der Zweck des Abschlusses. Die Ziele sind zum einen die Erstellung des Auditreports mit minimaler Auditergebnisdokumentation in Verbindung mit den Standards und Fokus auf Einfachheit und zum anderen das Einholen eines Feedbacks mit Rückblick zum agilen Audit.

Bezugnehmend auf das erfüllte und abgearbeitete Scrum-Board („Erledigt“-Spalte des Scrum-Boards mit beschrifteten Kanban-Kärtchen) wird der Auditreport mit einem kurzen Feedback-Bericht erstellt. Der Auditreport ist in Echtzeit angelegt und fokussiert sich auf die wichtigsten Auditergebnisse. Die Strukturierung kann nach DIN EIN ISO 9001:2015 erfolgen.

Literatur

1. PWC (2017). Staying the course toward True North: Navigating disruption. State of the Internal Audit Profession Study, April 2017. PDF online abrufbarunter: https://www.pwc.com/id/en/publications/assurance/state-of-the-internal-audit-profession-2017-april-2017.pdf (Zugegriffen: 12. Oct. 2023).
2. Scharwey, M. (2022). Prozesse agil auditieren. Mit Prozessorientierung oder Agilität dem Audit einen Mehrwert verleihen. In QZ-online.de, im Internet unter: https://www.qz-online.de/a/fachartikel/prozesse-agil-auditieren-358.823 (Zugegriffen: 12. Oct. 2023).
3. Volgger, C. (2019). Ein agiles Joint Audit zwischen Interner Revision und Compliance in staatsnahen Unternehmen und im öffentlichen Dienst. An agile joint audit between internal audit and compliance in state-owned companies and in the civil service. MASTERARBEIT. Wien. PDF online abrufbar unter: https://pub.fh-campuswien.ac.at/obvfcwhsacc/content/titleinfo/3782857/full.pdf (Zugegriffen: 12. Oct. 2023).
4. Cole, G. (2015). Why a feedback culture will transform your business. *Development and Learning in Organizations, 29*(6), 10–12. https://doi.org/10.1108/DLO-03-2015-0023
5. Dwight D. Eisenhower (1954) Tweet 204 – Address at the Second Assembly of the World Council of Churches, Evanston, Illinois. August 19, 1954; http://www.presidency.ucsb.edu/ws/?pid=9991 (Zugegriffen: 12. Oct. 2023)

Fazit: Vorteile Agiler Audits im Krankenhaus

10

1. **Iterative Ansätze:** Statt lange und umfangreiche Audits durchzuführen, könnten agile Audits in kleinere, iterative Phasen unterteilt werden. Dies ermöglicht es, schnellere Ergebnisse zu erzielen und bei Bedarf auf Änderungen oder aufgetretene Probleme zu reagieren.
2. **Cross-funktionale Teams:** Agile Audits könnten von multidisziplinären Teams durchgeführt werden, die Expert*innen aus verschiedenen Bereichen des Krankenhauses, einschließlich Ärzt*innen, Pflegepersonal, Verwaltung und anderen, umfassen. Diese Diversität ermöglicht eine umfassendere Sicht auf die Abläufe und Probleme.
3. **Kontinuierliches Feedback:** Regelmäßige Kommunikation und Feedback-Schleifen zwischen den Teammitgliedern und den Beteiligten des Audits können dazu beitragen, Probleme zeitnah zu identifizieren und Verbesserungen vorzunehmen.
4. **Anpassungsfähigkeit:** Agile Audits können sich flexibel an neue Herausforderungen, Veränderungen oder unerwartete Situationen anpassen. Die Teams können ihre Prioritäten neu ausrichten, um die relevantesten Bereiche zu überprüfen.
5. **Protokollierung und Nachverfolgung:** Die Ergebnisse agiler Audits sollten genau dokumentiert werden, einschließlich der erkannten Probleme, der vorgeschlagenen Lösungen und deren Implementierungsstatus. Dies ermöglicht es, den Fortschritt transparent zu verfolgen und sicherzustellen, dass Verbesserungen umgesetzt werden.
6. **Konzentration auf Patientenzentrierung:** Agile Audits sollten darauf abzielen, die Patient*innensicherheit und -versorgung zu verbessern. Durch die Beteiligung aller relevanten Interessengruppen können potenzielle Risiken und Engpässe effektiver identifiziert und behoben werden.

K. Börchers, *Agile Audits im Krankenhaus*, https://doi.org/10.1007/978-3-658-44339-9_10

Agile Audits können zusammenfassend eine wirksame Möglichkeit sein, die Effektivität und Effizienz von Audits im Krankenhaus zu steigern und letztendlich zur Verbesserung der Patient*innenversorgung und Mitarbeiterzufriedenheit beizutragen.

SPRINGER NATURE

GPSR Compliance

The European Union's (EU) General Product Safety Regulation (GPSR) is a set of rules that requires consumer products to be safe and our obligations to ensure this.

If you have any concerns about our products, you can contact us on ProductSafety@springernature.com

In case Publisher is established outside the EU, the EU authorized representative is:

Springer Nature Customer Service Center GmbH
Europaplatz 3
69115 Heidelberg, Germany

FSC
www.fsc.org
MIX
Papier | Fördert gute Waldnutzung
FSC® C083411

Kolibri 360 GmbH
Ferdinand-Jühlke-Straße 7
99095 Erfurt, Deutschland
produktsicherheit@kolibri360.de